2014 Koike Masayo
고이케 마사요

동트기 전 한 시간

포엠포엠 시인선 007

동트기 전 한 시간

고이케 마사요(小池昌代) 시집
한성례 옮김

■ 시인의 말

언어 이전

고이케 마사요

'언어란 작은 돌과 같아서'라고 쓰는 순간, 금방 작은 돌의 이미지가 머릿속에 떠오른다. 이렇듯 언어는 늘 '의미'를 동반한다.

의미를 가진 작은 돌을 몇 개 짜 맞춰서 무언가를 다른 사람에게 전달한다. 어디서나 굴러다니는 그 작은 돌은 나 혼자만의 소유가 아니다. 그렇기에 모두에게 의미가 전해진다. 전해진다는 것은 반드시 의미의 전달만을 뜻하지 않는다. 다른 뭔가가 옮겨졌다 해도 마찬가지다. 이렇듯 우리는 한낱 작은 돌로써 존재를 움직이는 것이다.

감탄사를 올리며 놀라서 뒤로 넘어지고 전율하고 감동하고 격하게 울음을 터트리기도 한다. 무슨 일이 일어났을까. 무엇이 옮겨졌을까.

그것은 언어가 아니라 생생한 파동이다. 그 파동에 휩쓸려 감정이 고조되거나 과거의 갖가지 기억이 꼬리에 꼬리를 물고 되살아나기도 한다.

여기서 잠시 '자연'에 관해 얘기하겠다. 내가 자연에 흥미를 느끼기 시작한 건 마흔이 넘어서였다. 젊어서는 산이나 바다, 초목 등에 마음을 빼앗기지 않았고 별로 흥미도 없었다. 어느 순간 스위치가 켜지더니 사계절의 변화와 자연이 가슴 깊이 스며들었다. 그 후로는 세상사나 섭리 등을 볼 때 자연을 잣대로 삼았다.

중년에 접어들어 자연에 몰입한 데는 사람에 대한 혐오나 염세주의와도 연관이 있었다. 인간이 싫어지는 이유는 서로가 말을 주고받으며 관계를 맺기 때문이다. 말이 자아를 상처투성이로 만든다. 듣는 사람은 물론이고 자신이 뱉은 말에 자신이 상처를 입기도 한다.

자연을 한번 돌아보라. 자연 속에는 말이 존재하지 않는다. 산과 바다, 강과 초목은 묵묵히 그 자리에 있을 뿐이다. 말을 하지 않는 게 아니라 말이 존재하지 않는다.

나는 이러한 자연의 이치 속에 인간을 어루만져주고 위로해주는 심오한 비밀이 있다고 믿는다. 위로라는 말만으로는 부족하다. 온화하게 어루만져준다는 말도 약하다. 산과 바다가 존재한다는 압도적인 침묵이 우리의 생명을 지탱하고 단련시킨다. 이처럼 나는 자연을 신뢰한다.

예컨대 여름날 아침에 활짝 핀 나팔꽃 서너 송이를 보는 것만으로도 나는 기쁘다. 기쁘기 그지없다. 처음에는 이러한 내 감정이 혼란스러웠다. 다 늙은 사람처럼 왜 이럴까 하고 자책도 했다. 그런데도 싫지 않다. 싫어질 리도 없다. 휴대전화는 오래 들여다보기 힘들지만 나팔꽃은 얼마든지 오래 바라볼 수 있다. 생명은 변화하기 때문이다.

거기에는 어떠한 말도 존재하지 않는다. 나와 나팔꽃이라는 생명이 직접 인연을 맺을 뿐이다. 나만의 버릇일지 모르지만 세상을 살면서 이따금 이러한 느낌이 들 때면 그 경험을 말로 표현하고 싶은 욕망에 사로잡힌다. 이때 말의 세계로 돌아오려면 언어라는 티켓이 필요하다.

말에 상처받으면서도 결국 말에 포위당하는 인간에게 말이 없는 세계는 필요불가결이다. 자연계가 주는 풍부한 위로는 인간이 살아가는 데 절대적인 요소이다. 나는 시를 쓰는 일로써 말이 있는 세계와 말이 없는 세계 사이에서 균형을 잡고서 그 두 세계가 서로를 비추는 모습을 관찰해왔다.

언어는 언어가 존재하지 않는 세계에 깊이 뿌리를 내리고 있다. 그러한 뿌리가 없다면 언어는 한낱 떠도는 기호에 불과하다.

작품을 읽고 무언가가 전해진다고 했을 때 무엇이 전해질까. 내용을 섬세하게 음미하다보면 다양한 범주의 정보들이 쌓여 마침내 '전해지는' 결과를 낳는다. 말로는 표현하지 못하는 무언가가 의미의 표층 아래를 통과한다. 저쪽에서 이쪽으로.
　시인 가와다 아야네川田絢音[1] 씨의 시 「카사블랑카」에 다음과 같은 시구가 있다.

　　시라는 말만으로도
　　걱정처럼
　　뭔가를 허문다
　　읽지 않아도 시가
　　전해져서
　　손에 잡히지 않는 현실적인 뭔가를
　　얻은 듯했다

　'시는 읽지 않아도 전해진다'는 뜻이다. 우선 시 속의 상황을 설명하겠다. 아마도 시를 쓴 본인이 '카사블랑카'라는 이름의 팩스 송수신 가게에서 일본으로 시를 보낸 듯하다. 방금 시를 보냈다고 설명하자 가게에 있던 모로코 사람의 눈이 파르르 떨리며 반짝인다. 일본어라서 읽지도 못하는 시를 앞에 두고 그 모로코 사람은 무언가를 느낀다. 그 무언가를 느끼는 모로코 사람을 보고 작가는 다시 무언가를 느낀다. '시'라고 말했을 뿐인데 그 말이 차례로 벽을 허물어 간다. 그 기이한 광경을 이 시 속에 에둘러 표현했다.
　일상이라는 껍질을 깨고 멀리서 직접 찾아오기도 하고, 실제로 읽지

---

[1] 가와다 아야네(川田絢音) : 일본의 시인. 1940년 중국 헤이룽장 성 치치하르 시(黑龍江省 齊齊哈爾市)에서 태어났다. 20대부터 이탈리아에 체재하였다. 시집 『비명』, 『공중누각·꿈의 노트』 등이 있다.

않아도 시가 전해진다. 두렵긴 해도 내게는 매우 현실감 있는 말이다. 작가 가와다 아야네 씨도 선명하고 또렷한 감촉이라서 '손에 잡히지 않는 현실적인 뭔가를 얻은 듯했다'라고 표현했으리라.

시가 전해진다는 말이 바로 이런 것이다. 그 과정에는 말이 존재하지 않는 세계가 깊이 관여한다. 시가 전해질 때 말은 말이 존재하지 않는 바다에 한 번 내동댕이쳐진다. 그 충격으로 발생한 파동, 즉 파문이 말을 에워싸서 읽는 사람에게 전해준다. 말이 일으키는 그 진동까지 고스란히 시로 전해진다. 언어의 에로스는 여기에서 태어난다.

나는 말이 존재하지 않는 세계를 넓은 의미의 자연계라고 본다. 그건 산이고 바다이며 숲이다. 나를 포함하여 도시에서 살아가는 사람들에게 그곳은 물리적으로는 가깝지 않을지라도 실제로는 가장 직접적으로 마음과 이어져 있다고 단정한다. 자연계를 바라볼 때 나는 무엇을 보는 걸까. 풍경인가 아니면 풍경을 보고 되살아난 기억에 흔들리는 그 내면일까.

가령 내가 산을 본다고 치자. 두둑하게 올라온 흙과 그 곡선에서 편안함 이상의 자극을 받는다. 흙으로 덮인 둥그런 언덕이라 하면 일본에서는 고분을 연상하고, 고분에서 묘지, 묘지에서 죽은 이의 존재를 연상한다. 왜 그럴까. 자연을 보고 어째서 죽은 사람이 떠오를까. 옛날 사람들도 그 언덕을 보았다고 여겨서일까? 그 풍경 속에 죽은 옛사람이 있다고 생각하면 그들과 내가 이어져 있다는 감정이 자연스레 솟아난다. 요컨대 나 자신도 눈앞에 펼쳐진 자연의 한 부분이며 그러한 연속성의 일부라고 느껴진다.

바다는 산보다 더욱 생생하다.

최근 몇 년 동안 나는 여름이면 이즈 반도(伊豆半島)[2]로 떠났다. 수영

---

[2] 이즈 반도(伊豆半島) : 일본 시즈오카 현(靜岡縣) 동부의 반도. 온천지와 해수욕장 등 휴양지로서 유명하다.

도 못하고, 강렬한 햇볕에 피부는 새카맣게 타고, 소지품은 모래투성이이고, 수영복을 입은 모습은 못 봐줄 정도이다. 주위에서 뭐 하러 바다에 가느냐고 핀잔을 줄 만큼 고된 체험이다. 그래도 떠난다. 그건 바로 바다가 무서워서다. 바다가 무섭다는 감정이 너무나 또렷하고 신선해서다. 나는 어렸을 때도 바다가 무서웠다. 무서워서 울었고 물속에도 들어가지 않았다. 그 기억이 생생하게 되살아난다. 바다에 오면 근원으로 돌아왔음을 감지한다. 기쁘다거나 기분이 좋다는 여유로운 느낌이 아니라 무조건 무섭다. 세상에 태어나서 한 번도 와 본 적 없는 곳을 밟는 듯한 두려움이다.

  무엇보다도 가장 무서운 건 해변이 아니라 먼 바다를 바라보며 파도를 기다리는 동안의 시간이다. 저 멀리에서 나를 집어삼킬 듯 파도가 밀려오고 물이랑은 높게 너울대며 거세진다. 부서지기 직전의 물마루는 뿔처럼 뾰족해진다. 그럴 때면 그 고비를 견디는 파도의 리듬에 맞춰서, 아직 부서지지 않아, 조금만 참아, 하는 마음으로 함께 이겨낸다. 그러다 보면 두려움 속에서 엄청난 쾌감이 찾아온다. 파도와 내가 하나로 합쳐지는 오르가슴과 같은 쾌감이다.

  해변을 돌아보면 막 고비를 넘긴 파도가 하얗게 부서지며 길게 꼬리를 끄는 광경이 보인다. 한껏 늘어지는 모습은 여성이 오르가슴을 맛본 후의 완만한 하강선을 연상케 한다.

  파도가 어디에서 어떻게 발생하는지 나는 잘 모른다. 아마도 지구의 자전, 바람의 강약과 방향 등의 영향을 받으리라. 파도라고 한 단어로 말은 하지만 그 높이와 크기가 저마다 다르고 간격과 리듬도 일정하지 않다. 그러나 그 요동과 불규칙이야말로 파도 본연의 모습이다. 그 파도에 열중할 때면 순간순간이 새롭다. 쉬지 않고 밀려드는 파도는 결코 똑같지 않다. 그렇기에 싫증이 나지 않는다. 파도도 나팔꽃처럼 영원히 바라봐도 싫증이 나지 않을 듯하다. 끊임없이 변화하는 생명은

다 마찬가지이다.

　나는 종종 파도의 이랑 사이에 몸을 띄우고 생각한다. 가장 처음 쓰인 '시'는 여기에서 태어나지 않았을까. 시의 파동이 시작된 근원지는 여기가 아닐까. 자연과 우리의 마음은 이어져 있다. 바다에서 떨어진 도시에서 살지만 나는 파도의 일렁임을 온몸으로 받아들이며 시의 첫 줄을 쓰고 있다는 생각이 든다.

　말은 아직 어디에도 존재하지 않지만 그 예감은 충분히 무르익었다. 그런 시간의 웅덩이가 언어의 해변으로 출렁이며 밀려든다. 해변에는 언어가 있었다. 해변은 언어로 이루어져 있었다. 그곳에는 사람이 있고 사람의 얼굴이 보인다. 눈과 입, 코. 아아, 의미가 있다. 말이 존재하지 않는 세계가 파도가 되어 의미의 해변으로 수없이 밀어닥친다. 의미를 허물듯이. 허물어뜨리듯이.

　모두 허물어뜨리고 나면 의미의 해변도 파도에 침식되어 허무로 변할까? 그 고비를 견뎌내듯이 자연에서 언어를 받는다. 시를 쓸 때면 나는 틀림없이 파도가 밀려오는 바닷가를 걷고 있으리라.

동트기 전 한 시간

■ 차 례

■ 시인의 말 / 7

1부

샛길 / 19
벚꽃 구경 / 22
청색 사람 / 25
히가시 기타자와 / 29
단카 공간 / 31
산에 사는 다미코의 노래 / 38
마지막 시 / 41
그림자 피리 / 44
재고 / 47
부랑자와 고양이 / 49
사이 / 50
누, 아프리카의 소리 / 51
동맹 / 55
둔한 황홀 / 58
뜨거운 강기슭 / 62
동트기 전 한 시간 / 63
골목 / 68
콩을 가는 남자 / 70
시선과 나무 / 75
사과 두 알 / 76

4월의 비 / 78
목소리 / 80
작은 사과 / 82

2부

돌림노래 / 87
상자 / 89
산양 / 94
수맥 / 96
보이지 않는 관계 / 103
물마루 / 109
딸 / 111
새우 신사 / 113
비를 몰고 다니는 남자 / 117
감이 있는 주방 / 119
산의 세계 / 122
콩과 가족 / 125
그물 / 127
구두가 있는 풍경 / 129
나뭇잎과 존재 / 131
상냥한 인식 / 133

책과 새 / 135
어떤 목소리 / 137
두 개의 우산 / 140
영원히 오지 않는 버스 / 141

3부

나무 그늘 / 145
편수 / 148
인력거 / 151
절단 / 154
천재 / 157
화내는 여자 / 161
쌀 / 164

■ 고이케 마사요(小池昌代) 연보 / 168

■ 시와 나
― 고이케 마사요(小池昌代) / 170

■ 옮긴이의 말 | 일상이 증식해가는 시
― 한성례(시인) / 176

1부

샛길

이쪽 길로 가요
야마모토 씨가 말해서
그날 나는
우리가 근무하는 학교로 가는 새로운 샛길을 발견했다
꽤 멀리 돌아가는 듯도 했고
낮은 울타리를 폴싹 넘어가야 했고
인적도 뜸해서
남자와 함께 걷기에는
조금 겁이 나는 음침한 길이었다
왜 우리는
의미 없는 말을 의미 있는 것처럼 말하는 걸까
잠자코 있으면 되는데
빙글빙글 도는 낙엽처럼
바람에 농락당해 물 위에 뜨면
언젠가 그곳에서 가까스로 침묵을 손에 넣으리라
그때가 언제일까
  약간의 두통과 가슴의 통증, 발의 통증, 허리의 통증, 자궁의 통증, 마음의 통증 따위를
  끌어안고 있지만 아직 모자라 아직 죽지 않아 조금 더
  너덜너덜한 걸레처럼 사랑하는 일에 혹사당해 죽고 싶다

드디어 여름방학이 시작되니
우리는 들떠서 실컷 수다를 떨었다
무언가에 홀린 사람들처럼 시에 대해서도 이야기했다
팥빙수 먹지 않을래요?
그때는 마치 영원 속을 둥둥 떠다니는 듯했다
야마모토 씨는 키가 크고 젊은 남자이고
나는 키가 작고 젊지 않은 여자여서
생각이 서로 다르련만
걸음걸이만은 웬일인지 파도처럼 척척 들어맞았다
물살에 밀려 앞으로 앞으로 나아가는 듯한
이 멋진 샛길, 어딘가로 이르는 길
오가는 사람은 아무도 없었다
아주 가끔
그래요
아주 가끔 혼자이고 싶을 때가 있지요
그럴 때가 있는 법이죠
그럴 때는 이 샛길을 걸어요
그럴 때는 이 샛길을 이용해요
멀리서 남자 중학생들의 환호성이 들려왔다
사람을 좋아한다는 건 무서운 일이죠

그 사람의 말이라면 무엇이든 다 믿어버리니까요 라고
남자인데도 토끼처럼 포동포동한 야마모토 씨가 말한다
예전에는 나도 그랬다
하지만 그 마법은 금세 풀리고 만다
누구보다도 매력적이고 누구보다도 힘이 세고 누구보다도 머리가 좋아서 그 누구도 당해 낼 자가 없다고 여겼던 남자의
누구보다도 작고 누구보다도 갓난아이 같은 페니스를
여자들은 떠올릴 때가 있다

〈옮긴이 주〉
* 야마모토 씨의 원어 : 山本.

벚꽃 구경

지도리가후치에 벚꽃 구경을 갔다
오랜만에 만난 친구와 둘이서
중년 이상의 나이 든 사람들만 붐볐다
우리도 나이를 먹었구나
보자마자 아, 입안을 맴도는 비명이 몸 깊숙이에서 터져 나오고
부글부글 피가 역류한다
억누르고 벚꽃을 올려다본다
주위를 서성이는 다른 이들의 시선까지
힘껏 앞으로 밀어내고 농도를 높여
그대로 저 너머로 사라져버리지는 않을까
겁이 나서 그의 옆얼굴을 본다
이제 더는 쓰면 안 된다
해를 거듭할수록 아름다워지는 것 그 사실을 퍼뜩
지금 이 순간에 이해한다
내 머리카락은 하얗게 세었다
염색을 했더니 새로 자라난 뿌리 부분만
촘촘히 하얗게 올라와서
부끄럽다
만개 시기가 조금 지난 벚꽃은

작은 바람에도 꽃잎이 흩날려
그 모습이 흡사 눈 같다
아니다
눈이라고 착각하고 싶다. 눈이라고 나는 생각한다
이 봄의 절정은 아오모리의 깊고 깊은 눈 속
머리에 꽃잎이 흩뿌려져 있다고
몇 해 전 뇌혈관이 터진 그가
내 머리카락에 붙은 꽃잎 한 장을 떼어내며 말한다
반들반들해서 내 머리에는 달라붙지 않아
그리 보이지는 않지만 가까이 들여다보지 못한다
그는 첼로를 켜고
나는 비올라를 켰다
우리 둘 다 아는 이름이 몇몇 나오고
 죽은 사람, 몰락한 사람, 몸이 불은 사람, 이혼한 사람, 망가진 사람, 애처로운 사람, 이상해진 사람.
 누가 눈부신 성공을 거뒀다더라 하는 이야기는 나오지 않았다
 대화를 통해 정욕과 식욕, 음악의 환희와 그 힘에 대해 확인한 후
 우리는 한조몬 역에서 각기 반대 방향으로 향하는 전철에 올랐다

악보를 보며 연주하는 일은 그날 이후로 불가능해졌어

그래도 재활치료를 받으며 회복하고 있지

그래도 아침에 일어나면 전날 불가능했던 일을 조금은 할 수 있어

밀려온 파도가 크게 솟구쳐

우리라는 해변을 치고 바다로 부드럽게 돌아간다

우리는 지금 살아 있다

〈옮긴이 주〉

* 지도리가후치(千鳥ヶ淵) : 일본 도쿄 도(東京都)의 황궁 북서쪽에 위치하는 벚꽃 명소.
* 아오모리(青森) : 일본 혼슈(本州) 최북단에 위치한 현(縣)이며, 눈이 많은 지방이다.
* 한조몬(半藏門) 역 : 일본 도쿄 도 지요다 구(千代田區)에 있는 전철역. 황궁의 서단에 위치한다.

청색 사람

머리를 세 갈래로 땋아 내린 자그만 사람은
눈 안에 들어갈 정도로 자그만 구두를 신고
남미의 산악지방에서 왔다
고향에서는
장롱을 짊어져서 먹고살았다고 한다
장롱을 짊어지고 산을 넘는 것이 그녀의 일과였다

——산에서 산을 넘어가는 사람은 대부분 무언가 나쁜 짓을 저지른 자들이지. 그걸 돕는 게 내가 하는 일이고. 테이블과 의자는 두고 간다오. 하지만 장롱은 가져가지. 장롱에는 혼이 깃들어 있어. 그래서 버리질 않지. 우리는 어디를 가나 그것과 함께 살아간다오.

——아아, 말하자면 이사업자라는 얘기군요. 일본에는 '아카보'니 '구로네코'니 하는 상호가 여럿 있어요. '아카보'는 빨간 모자고 '구로네코'는 검은 고양이를 말해요.

——나는 눈에 잘 띄게 항상 짙은 청색 모자를 쓰고 다녔다오. 모두 나를 '청색 사람'이라고 부르지. 아무도 내 실제 이름을 몰라. 나도 내 이름을 잊었어.

나와 동갑이라는데
얼굴은 이미 노파처럼 보였다
그래도 눈동자만은
유리구슬처럼 맑고 투명했다
색깔이 없는
그 눈동자 속을
이 계절
고향의 산 위에서 불어 내려온다는 2월의 하얀 바람이 이따금씩 스쳐 지나갔다

──그곳은 조금도 오염되지 않아서 공기가 지나치게 맑아. 게다가 지대가 높아서 산소가 희박하지. 그런 데서 오래 살다보면 색소란 색소는 다 없어져. 내가 사는 세상은 검정과 흰색뿐이지. 그 농도로 우리는 모든 감정을 표현한다오.

──마치 일본의 수묵화 같군요.

──수묵화?

── '먹' 이라는 검정색 물감으로 그리는 그림이에요. 먹의 농

도로 모든 자연을 표현해요. 어떤 부분은 진하게 그리지만 또 어떤 부분은 연하게 물로만 그려요. 산과 강, 초목, 집과 폭포를 그리는데 사람은 보이지도 않을 만큼 작게 그려요.

　──내 모습도 분명 거기에 있겠군.

　그 사람은 단언하듯 그렇게 말하고는
　색소가 없는 눈동자로 나를 바라보았다

　──어머니도 할머니도 장롱을 짊어지고 산을 넘었다오. 산을 넘을 때 뒤에서 덮쳐와 애를 밴 일도 있었지. 장롱을 짊어지고 그걸 하기란…… 아니, 그때는 분명 장롱을 내려놓았을 거요.

　엉뚱한 곳에서 진지하기에
　나도 진지하게 생각해 보았는데
　그럴 때면
　역시 장롱을 내려놓았겠다고 결론을 지었다

　──우리가 옮기는 장롱은 텅 비었다오. 영혼이 자유로이 드나들 수 있도록.

──무겁지 않나요?

──그리 무겁지 않아요. 영혼이 빠져나간 장롱에는 날개가 돋아 있다오. 그러니 파리라도 짊어질 수 있지.

그 말을 마치고 청색 사람은 어묵과 인형빵이 아주 맘에 든다고 했다

──아아, 나도 좋아해요. 우리 같이 먹으러 가요.

〈옮긴이 주〉

* 아카보(赤帽) : 일본어로 빨간 모자. '전국 아카보 경자동차 운송협동조합 연합회'를 지칭하며, 이 조합을 상징하는 캐릭터는 빨간 모자이다.
* 구로네코(黑猫) : 일본어로 검은 고양이. 일본의 대표적인 택배업체인 야마토 운수는 검은 고양이를 캐릭터로 사용한다.
* 인형빵 : 카스텔라 빵에 팥소 등을 넣어 사람 얼굴 모양의 틀에 넣고 구운 음식.

히가시 기타자와

전철이 그 역에 멈춰 서자
"급행열차 대기로 인해 잠시 정차하겠습니다"
안내방송이 흘러나왔다

문이 열리고
열차 밖 풀숲에서
요란한 벌레 울음소리가 울려 퍼졌다

아주 오래전부터 울고 있었으리라
열차 안은 벌레 소리로 가득 차고
간간이 사람 목소리가 뒤섞였다

가을이 가까워졌다
다음 역을 떠올리듯이 다음 계절을 떠올리자
이윽고 일제히 문이 닫히고
열차가 천천히 움직이기 시작한다
오다큐 선 히가시 기타자와라는 작은 역을

사람도 짐도 인기척도 대화도
모든 게 멈춰 있던 그 한때

오로지 벌레 소리만이
앞으로 달려갔다
다음 역, 그 다음 역으로, 계속 앞을 향하여

언젠가는 다가올
빠른 속도에 내동댕이쳐지기 전에
시를 쓰고 싶다고 생각한다
시간에 머물러 있는 언어를 모아서
벌레 울음소리가 향해 가던 쪽으로
나아가는 쪽으로 이끌리며

〈옮긴이 주〉

*히가시 기타자와(東北澤) : 도쿄 도(東京都) 세타가야 구(世田谷區) 가타가와 3초메(北川3町目)에 위치한 오다큐(小田急) 전철 오다와라(小田原) 선이 운행하는 역 중 하나.
*오다큐(小田急) 선 : 도쿄 도(東京都)와 시나가와 현(神奈川縣)을 중심으로 운행하는 전철.

단카 공간

우드 유 플리즈 리드 잇 트와이스 어게인?
두 번 읽어 달라는
요청이 관객석에서 들려와
나는 한 수를 두 번씩 읽었습니다.

멜버른의 시문학제 단상에서
떠오른 것은 설날의 백인일수입니다.

선녀의 고운 자태 조금 더 머물도록
(대부분 할머니가 읽어준 시입니다. 그리고 시는 '후반부'만 두 번 되풀이되었습니다.
그런 까닭에 제가 지금 기억하는 것은 시의 하반신뿐입니다)

손을 들고 그렇게 요청한 사람은
오랫동안 멜버른에 산 일본인
도키타라는 남자입니다.
자유로운 성품에
교양이 풍부하며
오스트레일리아 사람인 아내의 이름에 '씨'를 붙여 부르고 아침에는 아이들의 도시락을 쌉니다.

"저는 여성 혐오 기질이 있는지도 몰라요. 그래서……"
나는
그 사람만큼 젠틀gentle이라는 형용사가
어울리는 남자는 없다고 생각했습니다.

그런데, 왜
단카는 두 번 읽을까
왜 단카는 두 번을.

두 번 읊으면 의미를 쉽게 알 수 있지요.
두 번 읽으면 인상이 또렷해집니다.
처음에는 사라져버리지만 두 번째에는
살아 움직입니다.

어라, 입에서 뱀이 나왔어요.
   되풀이해 읊노라면 시간이라는 녀석이 한 수의 단카 속에 출현합니다.
   출현한 시간, 단카 타임은 나선을 그리며 상승합니다.
   그리고 그것은 돌입합니다. 보세요, 저기
왜일까요? 한 번만 읊을 때는 그런 일이 일어나지 않습니다.

되풀이는 위험합니다, 세계에 박차를 가합니다.
결혼이든 실패든 갖가지 경험은 한 번으로 끝나든지 두 번 이상 하든지
전부 그 둘 중의 하나로 분류됩니다.
말하자면 두 번이란 숫자는 이미 그 시점에서 두 번 이상의 의미를 지닙니다.
두 번은 세 번이기도 하고 네 번이기도 합니다.
당신은 무슨 말을 하고 싶은가요?
두 번 읊으면 아직 읊지 않은 세 번째, 네 번째 목소리까지(누구의 목소리?)
똬리를 틀고 울려 퍼집니다.
두 번은 두 번 이상을 모두 포용하는 커다란 공간을 뜻합니다.
그리고 온갖 시들은 두 번 이상의 세계에 사는 존재입니다.
되풀이, 세계는 둥근 고리 모양으로 돕니다.
그러면 원래의 상태로 돌아간다는 말인가요?
아니오
원래의 상태로 돌아가면서 좀 더 앞으로 나아갑니다.
같은 장소로 돌아가는 것이 아닙니다.
조금씩 어긋난 채로 뒤틀리고
뒤틀리면서 더 높이 올라갑니다.

"쉿! 시가詩歌가 지나갑니다.
 조금만 조용히 해 주세요"

아멜리아 씨는
가와노 유코의 번역자이면서 직접 단카 포엠을 짓기도 합니다.
(이번에 NHK 단카 프로그램에 출연할 예정이라 합니다)

하지만 영어로 옮긴 단카 포엠은
일본어의 강력한 운율을 잃고
망망대해를 헤엄쳐나가는 작은 물고기 같았습니다.

'그것'이 어디 있는지 잘 모르겠습니다.
영어 속에
나는 '그것'이
뒤섞여 버렸다고 느꼈습니다.

영어의 그물은
일본어의 그물보다 성글고 큽니다.
나는 거꾸로

아멜리아 씨가 쓴 영어 단카 포엠을
일본어라는 팽팽한 끈으로
질끈
졸라매 주고픈 유혹에 사로잡혔습니다.

단카, 그것은 말려 올라가는 힘
말려 올라가는 힘
트와이스, 트와이스, 트와이스, 트와이스

"좀 더 세게
 나를 졸라매 주세요.
 물이 한 방울도 나오지 않을 때까지 힘껏 천을 쥐어짜듯이"
시문학제는
애보리진 전통 춤으로 시작되었습니다.

디넌저 디넌저 디넌저 디넌저

갈색 피부에 머리를 세 갈래로 땋은 여성
자니에 벨이
불가를 돌며 춤을 춥니다.

우리도 불가에 모였습니다.
유칼리 나뭇가지에서
이파리를 한 장씩
뜯어서 불을 지핍니다.

"옆 사람에게 돌리세요"

유칼리 나뭇가지가
돌아갑니다
돌려집니다

디넌저 디넌저 디넌저 디넌저

쉰 목소리가 어둠 속에 울려 퍼집니다.

2005년 8월
멜버른의
메마른 겨울
남풍은 차갑고
북풍은 따뜻하고

노면전차가 달리는 맞은편으로
도키타 씨의 하얀 모자가

빨려 들어갑니다
말려 올라갑니다

───────────

〈옮긴이 주〉
*단카(短歌) : 일본의 전통 정형시 와카(和歌) 중 가장 보편적인 5-7-5-7-7 음수율 형식의 시. 단카라는 이름은 5-7의 두 구를 3회 이상 반복하는 조카(長歌)보다 짧다는 데서 유래한다. 오늘날 다른 형식의 와카를 거의 창작하지 않기에 단카는 와카와 거의 동의어처럼 쓰인다.
*백인일수(百人一首) : 일본 중세 시인 100명의 와카 한 수씩을 모은 와카 시집. 후지와라노 사다이에(藤原定家, 1162~1241)가 편찬한 『오구라 백인일수(小倉百人一首)』가 가장 유명하여 『백인일수』라 하면 일반적으로 이를 가리킨다. 일본의 전통 카드놀이이자 설날 민속놀이인 카루타에 가장 널리 쓰이는 소재이기도 하다.
*선녀의 고운 자태 조금 더 머물도록 : 일본 헤이안 시대의 승려이자 시인 헨조(遍昭, 816~890)가 지은 단카의 뒷 구절로 백인일수의 12번째 작품이다.
*아멜리아 : 오스트레일리아의 시인 겸 번역가 아멜리아 필든(Amelia Fielden). 1941년 시드니 출생. 주로 일본 시가를 영어로 번역하면서 단카 형식의 영어 시를 창작한다.
*가와노 유코(河野裕子, 1946~2010) : 일본의 단카 시인. 구마모토 현(熊本縣) 출생. 1969년 제15회 가도카와 단카상(角川短歌賞)을 수상하며 데뷔하였다. 감각과 신체성을 동원하여 삶의 실감을 표현하는 작풍이 특색이며 현대의 여성 단카 시인 중 최고라 평가받는다.
*애보리진(Aborigine) : 오스트레일리아의 원주민. 부메랑을 이용한 사냥법과 독특한 문화를 유지해 왔으나 유럽인들이 이주한 이래 급격히 몰락하였다. 현재 전 인구 중 불과 2%가량을 차지하며 백인우월주의의 영향 탓에 법적 지위도 보장받지 못하고 있다.
*디넌저 : 애보리진 원주민의 언어이며 의미가 불명하다.

산에 사는 다미코의 노래

예전에 좋아했던 남자는
군인이 되어
신주쿠의
임대 아파트 현관을 박차고 전쟁터로 나갔어
전장은 붉은 비가 내리는 육체의 숲
그 사람은 거대한 바퀴벌레에 다리가 좀먹어
앉은뱅이가 되어버렸어
다미코가 말한다
출정하던 날 아침
턱이 없는 어두운 현관에서
그는 군화 끈을 묶었다
돌아오면 오쇼에서 수북하게 담긴 만두를 먹자
검푸른 그 목덜미가
꿈속에서
언제까지나 어디까지나
논두렁처럼 이어진다
목덜미는 아무 말도 하지 않지만
문밖에는
검푸르게 빛나는 훌륭해 보이는 말馬이
등허리를 파도처럼 꿈틀거리며

끝내 그 사람을 끌고 갔어
그 후
산새의 꼬리처럼 기나긴 밤에 홀로 잠든 다미코
자신의 사타구니 사이에 자신의 머리를 집어넣는
곡예사처럼 쓸쓸한 삶
부엌 탱크 아래의 어둑한 곳에
열대 우림이 우거지는 날도 있지만
복수하고 싶어도
바퀴벌레 한 마리 나타나지 않는다
도쿄는 끝났어
중고 주택
여자 호주戶主로서
말상이 되어
남자도 술도 버리고
여름에도 목소리에 내려 쌓이는 눈을
털어내고 털어내며
노래를 부르며 살아간다
우동가락처럼 굵은 본연의 목소리는 자랑할 만하다
남자란 남자는 모두 사라지고
다미코는 전쟁이 끝나자 고향의 산으로 돌아왔다

산의 다시마는 저를 지칭하는 말이에요
쓰나미도 여기까지는 오지 못해요
돌 위에 드러누우면
맛난 음식을 펼쳐놓고 가랑이를 벌려
하늘을 향해 크게 입을 벌린다
아아, 비의 맛
노래 부르며 다미코는 죽는다
죽으면 예전에 살던 신주쿠
임대 아파트의 60개나 되는 크기가 같은 현관문의
경첩이 점점 휘어지고
흐물흐물해져서
문이 현관을 빠져 나간다
그 다음에는 개와 고양이들 그리고 마지막으로 사람
텅 빈 방구석
텔레비전에서 들려오는 것은
산에 사는 다미코의 소박한
노래

───────────

〈옮긴이 주〉

*오쇼(王將) : 일본의 유명 중화요리 체인점.

*다미코의 원어 : 民子.

마지막 시

자신이 태어난 5월에 죽고 싶다고
어떤 시인이 말했는데 실제로 그렇게 되었다
나는 7월생
하지만
5월에 죽고 싶은 사람의 마음을 너무나 잘 안다
아니 그 마음을
이제야 정확히 알게 된 느낌이다
이 우거진 녹음에 둘러싸여
지구에서의 나날과 이별을 고한다
끔찍한 일들은 산더미처럼 많았다
하지만 그때는 분명 잊어버린 뒤겠지
안녕
그 순간이 생생하게 그려져서
나는 움찔했다 나 자신의 일인데도
벚꽃 피는 계절이 지나고 꽃이 초록으로 변한다
바람결에 수런거리는 나무들의 소리가 들려온다
시를 쓰는 동안
원래 친구가 많지 않았던 나는
점점 더 친구를 잃었다
아니 그 사람을 아직 모르는 것만으로도

실은 새로운 친구가 늘어난
것이라 여길 수도 있지만
아무래도 그것은 터무니없는 낙관이다
나는 틀림없는 혼자였다
언제나 창가의 책상에서
나무를 바라보며
이렇게 시를 써왔다
어느 사이엔가 생긴 습관이다
나잇살이나 먹고 감상적인 여자라고 비웃어도 괜찮아
이제 무슨 말을 들어도 쉽게 상처받지 않으니(정말일까?)
술을 마시러 다니지도 않고
취미도 없이
시를 쓰고 노래를 부르고
결혼을 하고 헤어지고 아이를 낳고
변기 청소를 하며(중요한 일이다)
인생을 살아왔다
그리고 마지막에는 이렇게
나무가
눈 속에 남지 않을까
그렇게

그렇게 나를 확신시키기라도 하듯이 똑똑히
나무가 서 있다
지금 내 눈앞에

그림자 피리

오후 네 시 반
해 질 녘 골목길에서
피리소리가 들려온다
사내아이가 부는 피리소리다
사내아이는
늘 그렇게 피리를 분다
그러면
고양이가 온다
기와 굽는 장인이 온다
개장수가 오지만 개는 팔지 않는다
피리소리만 들을 뿐 장사는 안 된다
근처에 사는 아주머니가 온다
두부장수로 착각한 모양이다
울트라맨은 오지 않는다
선생님도 오지 않는다
메이지 시대가 온다
다이쇼 시대가 온다
어렵사리 쇼와 시대도 온다
헤이세이 시대는 오지 않는다
오늘은 일요일 학교에 가지 않는 날

따분해 하던 아이들이 몰려든다
한 명, 두 명, 세 명, 네 명
골목마다
피리소리에 이끌려 나온 아이들로 가득하다
누가 부는 걸까
꼭 한번 그 얼굴을 보고 싶다
아이들은
저마다 아옹대지만
사내아이의 얼굴을 본 녀석은 아무도 없다
피리소리는 그만큼 기가 막혔다
피리소리는 그만큼 정겨웠다
피리소리는
그만큼
멀리서 와서
아이들의 마음을
멀리로 데려간다
어둠이 내려앉은 골목길에
버려진 탈
여우인가 공주님인가 영주님인가
아이들은 이제 보이지 않는다

갈라지는 피리소리, 4월의 소리

〈옮긴이 주〉
* 울트라맨 : 1979년 일본에서 제작된 텔레비전 애니메이션 시리즈.
* 메이지(明治) 시대 : 1868년~1912년. 메이지는 일본 천황의 연호이며, 이 천황이 통치하던 시대를 말한다.
* 다이쇼(大正) 시대 : 1912년~1926년. 다이쇼는 일본 천황의 연호이며, 이 천황이 통치하던 시대를 말한다.
* 쇼와(昭和) 시대 : 1926년~1989년. 쇼와는 일본 천황의 연호이며, 이 천황이 통치하던 시대를 말한다.
* 헤이세이(平成) 시대 : 1989년~현재. 헤이세이는 일본 천황의 연호이며, 이 천황이 통치하는 시대를 말한다.

재고

미국 남부의 작은 마을에 있는
다 쓰러져가는 헌책방
시집 코너에서
손바닥에 쏙 들어오는 작은
에밀리 디킨슨의 시집을 발견했다
책을 펼치니
맨 첫 장에
무참히 찢긴 흔적이 있다
사선으로 비껴간 너덜너덜한 가장자리
아마도 여기에는
사랑을 담아
혹은
사랑하는 그대에게
혹은
그리운 당신에게
혹은
영원한 사랑을 맹세하며
혹은
보이지 않는 누군가가 바쳤을
은밀한 명구名句가 새겨져 있었을 터

잃어버린 것을 생각하면서
나는 시집을 책장에 도로 꽂았다
창문으로 비쳐 들어오는 겨울의 어스레한 햇살이
먼지를 뒤집어쓴 1달러짜리 에밀리 시집의
나지막한 책등을 따스하게 비추고 있다
재고로 남는 것 역시
그녀의 비밀스러운 역할이었을까
날개 한쪽을 잃어버려서
더 이상 날아오르지 못하는 작은 새처럼

〈옮긴이 주〉

*에밀리 디킨슨(Emily Elizabeth Dickinson, 1830~1886) : 미국의 시인. 사랑과 이별, 죽음, 영원 등의 소재를 주로 시로 썼다. 같은 시대의 영국 여류시인 C.C.로제티와 유사한 점도 있으나, 디킨슨의 시가 훨씬 더 강렬하여 19세기 낭만파의 시풍보다는 17세기의 형이상학파의 시풍에 가까웠다. 대표작으로는 『에밀리 디킨슨 전시집(全詩集)』 『에밀리 디킨슨 전서간집(全書簡集)』 등이 있다.

부랑자와 고양이

부랑자는 검은고양이를 능숙하게 안았다.
팔 안으로 검은 벌꿀을 흘려 넣듯이 안았다.
6월의 어느 아침, 그는 다른 날과 다르지 않게 고양이를 안고
땅바닥에 드러누웠다.
그리고선 언제까지고 일어나지 않았다.
검은고양이는 연기처럼 휘익 뛰어올라 그의 팔을 빠져나갔다.
금세 어디로 갔는지 보이지 않았다.
생과 죽음이 조용히 분리되는 모습을 본 사람은 아무도 없었
다.
부랑자는 막막한 하늘을 감싸 안은 자세로
조금 입을 벌린 채 굳어져 갔다.
갑자기 비가 내리기 시작했다.
더러움과 땀으로 딱딱해진 옷 위에서
그때 분명하고 명백한 빗소리가 났다.

사이

멀리서 공이 굴러온다
발로 찬 공이 대굴대굴 굴러서
지친 내게로 온다
저쪽에서 사내아이가 공을 쫓아 달려 나온다
닿을까
닿지 않을까
닿았으면 하는 바람과
닿지 않아도 안심이 될 것 같은 마음
그러자 공이 차츰 속도를 늦추더니
바로 앞
닿을 듯 말 듯 아슬아슬한 사이를 두고
내게 닿지 않고서 멈춰 선다
아! 하고 바라보는 나
아! 하고 바라보는 그 아이
각각 가져온 시간이 겹치지 않았다
아이와 나, 그리고 공이 있고
짧게 마주 본, 이름을 갖지 않은 '사이'
그 사이에 후회가 끼어들 리 없다
내게 닿지 않은 공의
왠지 모를 살가움

누, 아프리카의 소리

왜 그때
누가 화제가 되었을까
결혼해서 탄자니아로 떠난다는 가나코 씨가
그때 문득 말했었다
누라는 야생동물을 알고 있나요
누
못생기고
새까맣고
이름처럼 멋없는 목소리로 울부짖고
무리를 지어 사바나를 이동하는데
먼 곳에 내리는 비 냄새를 맡을 줄 안다는
소인지 산양인지 분간하기 어렵지만
산양처럼 수염이 있고
어깨 부근에 낙타 같은 혹이 있고
요컨대 어느 동물 측에도 끼지 못하는 동물
왜 그때
누가 화제가 되었을까
아무리 생각해도 떠오르지 않지만
가나코 씨는
이야기를 시작하면서

……그러니까 누는 신에게 벌을 받은 거야 라고 말했다
모두들 잠자코
멀리 아프리카에서 시공을 넘어 다가온
누의 침묵에 대해 생각했다
그러자 몸 깊숙한 곳에서
뿔이 달리고 검은 털이 수북한 동물이 태어나서
누! 하고 칠흑 같은 소리를 낸다
누가 무슨 짓을 했을까
뭔가를 했다
뭘 했을까
그 뭔가를
가나코 씨는 그때
말했던 것 같기도 하고
말하지 않았던 것 같기도 하다
떠오르지 않는다
가나코 씨는 탄자니아로 떠났으니
무슨 짓을 해서 누가 못생긴 동물이 되었는지
탄자니아에 가서 물어봐야 한다
탄자니아는 아프리카 중앙동부에 있다
그래 여기야

지도 위에

그때 누군가 와인을 떨어뜨려서

빨간 와인은 지도 속

보이지 않는 나라를 얼룩자국으로 만들어 놓았다

사람과 헤어진다는 게

요즘에는 팔이

잘려 나가는 듯 슬퍼

제발 가지 마 그런 곳에

가나코 씨는 나에게 오른팔이었는지도 모른다

서로 아무 것도 하지 않았지만

요즘은 사람들이

나를 이루는 발이기도 하고 손이기도 하고 팔이나 눈이기도 해서

잘려 나갈 때 비로소 알아차린다

오른팔은 바로 자라나지 않으니

나는 없는 팔을 문지르며 안녕이라고 작별인사를 했다

대집단으로 이동하는 누를

한 마리 한 마리 분간하긴 어렵지만

자 여기

내가 있잖아요

상하로 혹을 흔들며
걷고 있는 누, 바로 나
누가 무슨 짓을 했는지는 모르지만
무슨 짓인가 했다
냄새가 나는
아프리카의 비
그 비는 죄의 냄새가 난다

───────────

〈옮긴이 주〉

* 누(wildebeest) : 몸길이 1.7~2.4m, 어깨높이 약 1.2~1.5m의 소과의 포유류. 남아프리카와 동아프리카의 습기가 있는 초원에 서식. 풀을 찾아 1,600km가 넘는 거리를 이동하고, 수만 마리가 큰 무리를 지어 다닌다.

동맹

잔디가 마구 자랐군. 깎아줄까요?
모처럼 날이 갠 날
담장 밖에서
낯선 사람이 정원을 들여다보며 말을 걸었다
검정색 안경을 쓴 사람이다
나쁜 사람 같지는 않다
대답을 하기도 전에
이거 좀 끼워줄래요?
아, 예예. 그럴게요
순식간에 전동 잔디커트기가
윙 하고 세찬 소리를 낸다
몹시 더운 날이다
목요일이다
그 낯선 사람은 얼굴을 찡그리고
네모난 정원의
무성하게 자란 잔디를
점차 매끈한 녹지로 만들어간다
한 차례 끝나자
가까이 와서
아까도 저기서……

라고 말했다
아까도 저기서……
한 사람을 죽이고 왔소
예?
아까도 저기서 잔디를 깎고 왔소
무성한 잔디를 보면
그것만으로도 참지 못하고
그대로 내버려두지 못하는 사람 같았다
풀 냄새가
갑자기 주변에 훅 퍼진다
살아 있다 라고 생각한다
피가 술렁인다
말로 하지 않았는데도
들렸는지 그가 씩 웃는다
아아, 풀
풀 냄새
이다지도 강렬하게 마음을 뒤흔들다니
풀은 위험한 사상처럼
거기 그렇게 군생하고 있고
우리의

뿌리가 땅속을 빽빽하게 뻗어간다
이번에도 말로 하지 않았는데
들렸다는 듯 그 사람은 고개를 끄덕인다
차가운 보리차를 따라서 건넨다
받아드는 팔이 까맣게 햇볕에 타 있다
그 사람은 벌컥 벌컥 보리차를 들이킨다
입이 아니고 목구멍으로
그런 다음 우리는 말없이 3초쯤 서로 바라보았다
정말 감사합니다!

둔한 황홀

오래 전에
판례집을 무심코 넘기다가
청탁살인사건 판결의 개요를 읽은 적이 있다
마조히스트 남자가
목이 졸리면서 못 견디게 좋아서
결국 "나를 죽여 달라"고 간청한다
"거절했지만 몇 번이나 몹시도 간절히 부탁하는 바람에 그만……"
피고인 남자는 말했다
"그날은 아침부터 비가 내렸고……"
평상시는 잊고 지내다가
어찌된 영문인지
그 사건을
마치
한 가닥 붉은 옷감이 휘날리는 사진을 보듯
떠올릴 때가 있다
예를 들어
교차로를 건너던 중에 비가 내리기 시작하여
아스팔트 바닥에서
더럽혀진 도쿄의

먼지로 뒤범벅된 냄새가 피어올라
거리가 자신에게서
자신이 거리에서
갑자기 멀어진 듯한 기분이 들 때
그럴 때
예를 들어
"피조개를 주세요 라고 작은 목소리로 말했다.
 살해당한다는 게 좋겠다고 생각했다"라고 쓴
기타무라 다로의 「죽음의 죽음」이라는
시의 마지막 구절이 문득 떠오를 때
혹은
지하철 지요다 선이
요요기우에하라라는 종점의 땅 속에서
지상으로 당돌하게 튀어나와
여름 오후의 나른한 석양이
차량 내부를 속속들이 비추고 있을 때
아, 아, 아, 아, 아
예기치 못한 자신의 목소리가
밖으로 나오지 못하고 몸속에 박혀간다
지금 눈꺼풀 안이 토기에 뚫린 구멍 같은

눈을 한쪽 눈만 치뜨는 나
그럴 때
황홀감에 싸여 죽어 갔을 그 사람을
그 사건을 소중한 추억처럼 떠올린다
그러자 이 세상에서
거기만이 살아 있는 듯하다
살아 있는 붉은 옷감이 펄럭이는 듯한 광경이
눈의 안쪽으로 퍼진다
둔한 황홀
그 다음에는 천천히
미지근한 피 같은 끈적이는 액체가
목구멍 부근까지 올라온다
약간 소금 맛이 난다
죽인 사람도
살해당한 사람도
지금 살아 있는 나도
연결되어 있다
그런 상상에 휩싸일 때
눈을 감으면
언제나 앞에서 나이프를 든 남자가 다가온다

말더듬이의 그 남자
정신이 들면 그 남자는 어디서나
내게 다가온다
그리워진다 하지만 친구는 아니다
그런데도 나를 다정하게 끌어안고
"자, 가시지요"라며 이끈다
"어디로 가죠?"
결국 내 복부 부근에서
땅 위로 소리 없이 떨어져 내리는 피, 피, 피
거기만이 살아 있다
살아 있는 붉은 피가

〈옮긴이 주〉
* 기타무라 다로(北村太郎, 1922-1992) : 일본의 시인. 전후 일본시단에서 중심을 이룬 《아레치(荒地)》 창간 동인. 시집으로 『잠의 기도』, 『항구의 사람』 등 다수가 있고, 도손기넨레키테이(藤村記念歷程)상을 비롯하여 여러 문학상을 수상했다. 그밖에도 영미의 추리소설을 다수 번역했다.
* 지요다 선(千代田線) : 도쿄 도심부를 지나는 지하철 중 하나.
* 요요기우에하라(代々木上原) : 지요다 선의 종점.

뜨거운 강기슭

얕은 강물에서 올라와
뜨거운 돌멩이를 피해 껑충대며
바위에 걸터앉았다
이렇게
여름이 오면
한 남자에게
젖은 다리를 닦아 달래야지
젖은 다리를 닦아 달래야지
이 강가를 말로 더럽히지 않도록
말로는 하지 말자
고맙다는 인사말도 필요하지 않아
나는 모자를 푹 눌러쓰고
조금은 요염하면서도 묵직하고 차가운 시선을
아래쪽에 앉아 있는 그 사람의 어깨로 쏟아 붓는다
여름이 오면
아무 말도 하지 않고 뜨거운 강기슭에서
그저 젖은 다리를 쑥 내밀며
주저앉아 있는 모습이 썩 잘 어울리는 한 남자에게
젖은 다리를 닦아 달래야지
그저 물을 닦아 달래야지

동트기 전 한 시간

동트기 전 한 시간
이 한 시간 동안 당신이 눈을 뜨고 있다면
당신은 무엇을 하시겠습니까

물론 이 질문에는 전제가 있습니다
우선 침대에서 일어나
눈을 떠야겠지요

만약 그 한 시간 동안
더 자고 싶다면
그 쪽을 택하겠지요

동트기 전 한 시간
이 한 시간 동안 당신이 눈을 뜨고 있다면
당신은 무엇을 하시겠습니까

겨울이 아니라면
창문을 열고
아직 어둑한 바깥의
신선한 공기를 들이마실까요

떨어져 있는 애인들은 서로를 생각하겠지요
누군가를 생각한다는 건
같이 있지 않거나 거리가 존재할 때

하늘은 포도색으로 물들었습니다
파랑과 황색을 섞으면
녹색이 만들어지지만
절망과 희망을 뒤섞으면
새벽녘의 색깔

지붕의 윤곽이 조금씩 시야에 들어오고
멀리서 가까이서 창문에 불이 켜지기 시작합니다
나처럼 잠이 깬 사람이 또 있다는 데에
이유 없는 친밀감이 생깁니다

부엌의
차가운 테이블 위
메이지 아몬드 초콜릿 상자를 집어 들고 기울이자
물결 모양의 골판지 위를 대굴대굴 구릅니다
마지막 한 알의 움직임이 멈추는 것을 확인합니다

커피물이 끓는 동안
그저 멍하니 서 있습니다

막 도착한 신문의 냄새를 맡아봅니다
'2003. 2. 26 한일 정상회담 대북 제휴를 확인'

동트기 전
한 시간 동안 내가 눈을 뜨고 있다면
나는 무엇을 할까
하고 싶은 일이 많아서
우선 가슴이 벅차오릅니다

하지만 이 시간에 영화관은 닫혀 있고
전화로 그 사람을 깨우지도 못합니다
만나러 가지도 못합니다
그 사람을
그저 혼자서
떠올리고
그리워하고
이처럼 시를 쓸 수밖에요

이는 그 무엇도 하지 않는 것과 같습니다
어찌 보면 무언가를 한다는 건
새벽녘과는 어울리지 않습니다

낮 동안 나는 열심히 일했습니다
누군가를 위해
태양 아래
아무리 애를 써도
손에 잡히지 않던
나만의 시간이
지금 제자리걸음을 하며
나를 기다리고 있습니다
나는 간신히 시간을 따라잡습니다
나 자신을 겨우 따라잡습니다

무언가를 하면
내게 들어온 시간이 사라질 듯해서
나는 조심스럽게
사색만을 합니다

동트기 전 한 시간
이 한 시간 동안 당신이 눈을 뜨고 있다면
당신은 무엇을 하시겠습니까

어째서인지
질문을 할 때마다 슬픈
이 질문

대답해 주는 사람은
아무도 없습니다

몹시 지쳐서
죽은 듯이 깊이 잠든 우리의 잠 속
질문은
메아리처럼 울리며
수많은 꿈을 넘어서 갈 뿐입니다

〈옮긴이 주〉
*메이지(明治) 아몬드 초콜릿 : 일본의 메이지(明治)제과에서 제조하는 초콜릿 상품.

골목

빠르게 달리는 전철에서 보이는
그 작은 골목은
어디로 뻗어있는 걸까
아마
내가 평생
찾아 들어가 볼 리 없는 작은 골목
거기서
스쳐 지나갈 리 없는 사람들
구경할 리 없는 집들의 모습
맡을 리 없는 생선 굽는 냄새
하나 하나
일어날 리 없는 것들을 늘어놓아본다
그러자 갑자기 또렷이
어떤 길보다도 친밀한 표정으로
내 기억 속의
한 골목이 나타난다
확실한 슬픔까지도 동반하고
거기에서 등을 돌린 나
비탈길을 뛰어 내려가
일몰을 쫓아

여러 개의 다리를 건너
자꾸만 멀어지고 작아지는 나
이윽고 도착한 골목 안에서
뚜껑을 연 것처럼 아기의 첫울음소리가 난다
무더운 7월
내가 태어난 날
물을 뿌린 큰길이 반짝반짝 빛나고 있다

콩을 가는 남자

수동 커피 분쇄기로
으드득으드득 커피원두를 갈 때면
남자는 언제나 행복한 기분이었다
이는 남자 자신이
깨닫지 못할 정도의 미미한 행복이라서
손으로 털면 흔적도 없이 사라져버릴
갈고 난 후 흘러넘치는 커피 찌꺼기 같은 것이지만
이 감정을 어떻게 표현하면 좋을지
남자는 몰랐다
긴 세월동안 남자는
자신이 행복하다고
한 번도 생각한 적이 없었고
원래 불행이라거나 행복은
자신에게 쓰는 말이 아니라고
항상 타인이 쓰는 말이라고 여겨왔다
그리하여 아침의 이 자그마한 일이
자신에게 주는 자그마한 것을
한 번도 행복이라고 부른 적이 없었다
하물며 자신을 떠받쳐주는 작은 힘이라는 것을
알 리도 없었다

커피를 마신 뒤
남자는 거리에 서 있는 일을 하러 나간다
간판을 들고
하루 종일 뒷골목 길 한가운데에 서 있다
간판의 종류는 갖가지다
어른 장난감, 최상의 신제품 있음, 이 뒷골목에
CD가게 신규 개점, 파격 할인 대 방출 등이 쓰여 있다
같은 장소, 같은 위치에 계속 서 있다는 것
그건 간단해 보이지만 어려운 수행이다
살아 있는 인간은 그렇게 하루를 보내기 쉽지 않다
살아 있는 인간은 항상 이동을 한다
왜 한 장소에 머무르지 못하는 걸까
왜 돌처럼 같은 자리에 못 박히지 못하는 걸까
남자는 나무막대기를 들고 서 있으면
항상 막대기가 자신을 들고 있다는 기분이 들었다
'살아 있는 막대기'
그렇게 중얼거리자
눈꺼풀 안이 차츰 어두워졌다
남자는 이미
사물의 일부로 바뀌었는지도 모른다

언제였을까 근무를 마치고 귀가하던 한밤중
남자는 주차장 한구석에서
검은 물건이 갑자기 움직여서
몹시 놀란 적이 있다
길거리를 떠도는 부랑자 여자였다
그때 한순간이었지만
사람을 물건으로 느낀 자신에게
처음으로 충격을 받았다
지금은 그런 자신이
아무도 봐주지 않는 물건이 되어가고 있다
그러나
오늘 하루가 시작되는 시간
남자는 아직 온전한 사람이다
하루를
커피를 마시지 않고서는 시작하지 못하니까
그러므로 아침이면 이처럼 커피원두를 가는 것은
남자로서는 생의 '뚜껑'을 여는 일이었다
남자는 언제부터인가
그런 식으로 느끼는 자신에게 조금 놀라곤 했다
콩을 갈아 커피를 만드는 시간은 5분 정도이지만

그 5분이
자신에게 주는 어떤 움직임
그 5분에
자신이 기울이는 어떤 격렬함
그리고 이 작업을
작은 의식처럼 사랑해서
절대로 방해받고 싶지 않다고 언제부터인가 생각했다
하긴 방해할 사람은 아무도 없었다
남자는 언제나 혼자였다

으드득으드득
처음에는 무겁게 손에 느껴지던 느낌이
어느 순간
문득 가벼워진다
이 가벼움은
항상 홀연히 다가왔다

  마치 죽음처럼
  죽음처럼

그때 수동 커피 분쇄기 핸들은
빠드득 빠드득
뼈가 부딪칠 때처럼 공허한 소리를 내며 공전한다
드디어 콩 가는 일이 완성된다
착수와 과정, 완성이 있는
경건한 매일 아침의 이 일로
무겁게 시작된 남자의 마음이
오늘도 커피원두가 으드득으드득 갈릴 때
산산조각이 나고
시원하게 사라진다
오늘이 시작된다
용서 없는 일상이 와 하고 밀어닥친다
커피원두를 다 갈았다
이내 남자는 "콩이 다 갈렸다."라고
소리 내어 중얼거린다

시선과 나무

"저기 길가에 있는 침나무가 많이 자랐어."
동료가 말했다
그런 나무가 거기에 있는지조차 몰랐다
그를 통해
그때 내게
침나무가 보였다
도시의 나무가
평상시는 말로 표현하지 않는
'가만히 바라보는 사람'의 시선에 의해
거기 나무가 자라고 있음을 알았다
보이지 않는 침나무를 말하는
그 사람 안에서
싱싱하게 자란 나무 한 그루
나무를 바라보려고
나무에서 떨어지는 사람처럼
그때 내 안에서
나무와 그를 존경하는 마음이
가만히 나를 떠나
분리되어가는 느낌이었다

사과 두 알

쌍둥이처럼 똑같은
사과를 두 알 선물 받아
테이블 위에 놓자
둘이라는 숫자가
갑자기 내 가슴을 세게 누른다
한쪽을 선택하면 한쪽이 남는다
둘이란 몹시도 비통한 숫자다
보이는 한 개에
끊임없이 엎어지는 부재의 그림자가
둘의 조화를 무섭게 만든다
아아, 그러나
이전부터 존재해온 슬픔을 슬퍼해선 안 된다
고요 속에서 눈을 뜨면
식탁 위 사과는 두 알
아직 한 알도 없어지지 않았다
하얀 눈 같은 예감이 뿌려지기 전에
나는 두 손으로 사과를 들어 올린다
과묵한 여자의 유방 같다
손 안에
곧바로 떨어져 내리는 확실한 무게

있음과 없음뿐인
존재의 슬픔

4월의 비

한밤중에 따뜻한 비가 내린다
멀어졌다 가까워졌다 하며
끈을 풀어 헤치듯 비가 내린다

초목을 적시고
흙으로 스며들고
길 위를 흐르고
지붕을 미끄러져 내린다

살려고 발버둥치는 모든 것들의
가장 깊고 부드러운 부분에 닿도록

우산 하나를 쓰고 우리는 돌아간다
내 어깨는 반쯤 젖는다
그 사람의 어깨도 반쯤 젖었다
이 우산 하나의 용량에는
우리 둘은 아무리 애를 써도 들어가지 않는다

순간 깨닫는다
한쪽 어깨의 차가움을

우리에게는 또 다른 내면도 공존했다
우산 아래 들어가려는 마음과
우산의 용량 아래를 벗어나
살고 싶은 마음이

목소리

몇 년 전에 파리에서 본 풍경
창틀의
흰 페인트가 금방이라도 벗겨질 듯한
값싼 호텔의 한 방에서
거기서 내려다 본 안뜰에
차가운 비가 내리치고
묶여진 종이 다발이 버려져 있었다
옆 건물의 창에 푸른 셔츠가 널려 있었다
닫힌 창문도 있고
약간 창문을 열어놓은 곳도 있었다
뭔가를 씻는 물소리
지나가는 발소리
사람의 모습은 보이지 않고
사람이 사는 기척만이 자욱하던 장소
누군가 라디오를 켰는지
노래하는 이국 남자의 목소리가
느리게 흐르고
그 소리는 어떤 소리와도 섞이지 않았다
1998년 도쿄에서
헤치고 나아가듯

내 자신의 목소리를 찾을 때
기억 속의 흐릿하고
낮은 그 노랫소리가
문득 스쳐 지나갔다

작은 사과

롯폰기의 교차로에서
신호등이 바뀌기를 기다리며
러시아인 여자가
사과를 먹고 있다

왜 러시아인이라고 믿었을까
근처에 러시아 대사관이 위치하고
비둘기처럼 순박해 보이는 옆얼굴이
러시아인이라고 추측케 했다
다른 사람들이
그만큼 순박하지 않다는 말은 아니지만

붉고 작은 사과였다
사과를 먹으면서
여자는 사과가 아니고
다른 생각을 하고 있는 얼굴이었다
사과를 먹을 때
왜 사람은
사과만을 생각하지 않는 걸까
유난히 추운 겨울밤이었다

겨울 사과는 그만큼 차가워 보였고
그것을 먹는 하얀 이와
와삭 와삭 하는 소리까지도
한순간에 얼어붙을 것 같아
무심코 코트 깃을 세우다가
"러시아의 겨울에 비하면 이 정도는 추위도 아니지요."
그런 목소리가 들려온 듯해서 손을 멈췄다

신호등은 오늘도
좀처럼 바뀌지 않는다
빨간 신호등 시간이 가장 길다
초조하지는 않았다
오히려 오늘은
천천히 파란불로 바뀌기를 바랐다
신호등이 바뀌는 것을 기다리는 척하며
나는 타인이
사과 한 알을 먹는 시간에
가만히 입회해보고 싶었던 걸까
한순간의 증인처럼

그러나 일본의 겨울 거리의 교차로에서
사과를 먹는 사람은 러시아인뿐이다
마음속이 따뜻해져서 걷기 시작하자
신호등이 파란불이다
신호등이 파란불이라서
걷기 시작했을까

───────────────
〈옮긴이 주〉
* 롯폰기(六本木) : 도쿄 도(東京都) 미나토 구(港區)의 번화가 지명.

2부

돌림노래

언덕 위에 서서
나는 노래를 부른다
바람 속
조금 늦게 뒤따라오는
계집아이의
작은 목소리
저 아이는 누구지?
몰라요
아니, 저 소리는 그저
5월의 바람
5월의 바람에 흔들려 삐걱대는 풀
풀에서 떨어진 아침 이슬의 낙하
물방울을 맞고 잠에서 깬 나비의 비명!
으음, 그래도
저건 분명
계집아이의 목소리다
잘 들어봐
저 목소리에도 또
한 소절 늦게
또 다른 목소리가 쫓아가고 있어

그 목소리를 쫓아
다른 목소리
또 다른 목소리도 달려가고 있어
돌고
돌아
목소리의 다발이
기둥을 이루어
하늘까지 닿는다
많은 사람들의
나, 나, 나, 나
나의 목소리

상자

상자
빈 상자
가로
세로
깊이
이 깊이라는 게
긴바라 도키오에게는 유달리 중요했다.
너무 얕으면 아무것도 들어가지 않는다. 너무 깊어도 물건을 꺼내기 힘들다.
'상자 바닥에 물건을 넣었다가 다시 끄집어 올릴 때 팔이 감지하는 그 거리감이 중요해'
도키오는 빈 상자를 볼 때마다 설레는 마음에 몸을 떤다.
젊었을 적 생긴 버릇이라 고쳐지지 않는다.
빈 상자가 좋아서 하나둘 모으다보니 직접 빈 상자를 만들게도 되었다.
'들여다보일 만큼 적당한 깊이의 상자를 나도 모르게 만들곤 한다니까. 그런 내 자신이 정말 싫어. 왜 이리 망측한 짓을 할까.'
좀처럼 반성하지 않는 도키오도 때로는 이처럼 겸손하게 말했다.

좋은 상자의 조건

1. 뚜껑을 열었을 때 안을 들여다보는 얼굴이 금세 밝아질 것
2. 완벽하게 밝아서 어느 한구석에도 그림자가 지지 않을 것
3. 너무 크거나 작지 않을 것
4. 얌전히 그 자리에 있을 것
5. 뚜껑에 관해서는 별지를 참조할 것(별지는 아직 존재하지 않음)

도키오는 상자를 위해 상자를 만드는 사람.

겉은 아주 튼튼하고 야무지게.

속은 놀랄 만큼 섬세하고 부드럽게. 상자 속의 치수는 상자의 마음이니까.

뚜껑을 열 때마다 긴바라 도키오는 어김없이 상자의 비명이 들렸다.

상자

빈 상자

가로

세로

깊이

이 깊이라는 게

평생 동안 긴바라 도키오를 고민에 빠뜨렸다.
'상자를 보고 있으면 그 속에 아무것도 넣기 싫어져'

도키오의 집은 빈 상자로 가득하고, 때때로 상자더미 무너지는 소리가 났다.
굴러온 빈 상자 하나를 손에 들고
도키오는 뚫어져라 그 텅 빈 공간을 들여다본다.
텅 빈 상자 속이
긴바라 도키오의 현실 세계 전부다.

죽고 나서 도키오는 자신이 만든 상자에 들어갔다.
내가 죽으면 이 상자 속에 넣어줘
그 말은 그가 남긴 유일한 유언이었다.
가로
세로
깊이
그렇다. 깊이다.
도키오에게 보통의 관은 대부분 너무 좁고 길었다.
게다가 도키오의 상자 개념에 비추어볼 때 너무 얕았다.

도키오를 잘 아는 여자 셋이 왔다.
준비한 상자는 충분히 깊었다.
두 사람이 도키오를 양팔로 끼고 상자 속에 천천히 안치했다.
다른 한 사람은 상자 바닥에 꼬여 있는 도키오의 다리를 반듯이 정리했다.
도키오는 정좌한 자세가 되었다.
도키오의 상반신이 흔들리지 않도록 미리 준비한 쿠션을 받쳐서 도키오의 시신을 단단히 고정했다.
도키오가 살았을 때 컴퓨터 운송회사에서 받은 쿠션이다.
도키오는 몸집이 작은 남자여서 이런 일은 여자 셋이서도 간단히 처리했다.
상자는 튼튼한 골판지로 제작되었고, 둘레에는 새빨간 도료가 칠해져 있었다.
가로
세로
깊이
딱 들어맞는 상자 속에서 도키오는 아주 행복한 얼굴이었다.
마지막으로 세 여자는 뚜껑을 닫았다.
세 여자는 말없이 상자 속의 어둠을 생각했다. 그건 과연 어떤 냄새와 어떤 촉감의 어둠일까.

위스키를 마시며 '뚜껑을 닫은 빈 상자 속'을 상상하는 것이 긴바라 도키오의 취침 전 의식이었다. 생전에 그에게 가장 흥분되는 일 중 하나였는데 세 여자는 누구보다도 그 사실을 잘 알았다.

우는 사람은 아무도 없었다.

여자들은 사흘 동안 빨간 관을 둘러싸고 실컷 술을 마시며 노래를 불렀다.

그제야 성이 찬 듯 상자를 태웠다. 상자는 종이라서 금세 다 타버렸지만 긴바라 도키오는 상자가 다 탄 뒤에도 앉은 자세 그대로 천천히 타고 있었다.

〈옮긴이 주〉

* 긴바라 도키오의 원어 : 金原時男.

산양

호타카의 깊은 산속 온천에서
산양과 마주쳤던 다섯 살 가을
산양은 발소리도 없이 다가와
자옥한 수증기 속에서 알몸인 나를 바라보았다
나도 산양을 물끄러미 맞바라보았다

무리에서 벗어난 산양과
외톨박이로 홀로 있던 나

나는 손으로 온천물을 떠서
산양을 향해 뿌렸다
말 대신 건넨 인사였는데
산양은 조금 놀란 듯했다
온천물에 젖은 산양의 가슴털은
산양의 외로움이 젖은 것 같았다

바람이 불어 숲을 쓸고 갔다
나뭇잎이 흔들렸다
이윽고 산양은 조용히 몸을 돌리더니
가만가만 뛰어 산을 향해 되돌아갔다

꿈을 꾸듯 온천물에
깊은 밤 살며시 발끝을 담그면
자옥한 수증기 너머로 희미한 발소리가 들려오고
그때 만난 산양이
틀림없이 찾아오리라

아무것도 바라보지 않는 아득한 우주의 시선으로
가슴털의 물방울을
뚝뚝 떨어뜨리면서

〈옮긴이 주〉
* 산양 : 일본 고유의 산양종인 일본산양(Japanese serow)을 말한다. 주로 숲이 조밀한 해발 1,000m의 삼림에서 홀로 생활하거나 새끼들을 포함하는 암수 한 쌍의 소규모 가족단위로 생활한다. 몸은 전체적으로 회색 또는 갈색을 띠며, 털이 길고 풍성하다.
* 호타카(穗高) : 나가노 현(長野縣) 미나미아즈미 군(南安曇郡)에 있는 마을 이름이다.

수맥

1. 우물

눈 덮인 언덕을
끝까지 내려간 막다른 곳에
물이 솟아나는 오래된 우물이 있었다

어둡고 투명한 수면이 흔들려
자세히 들여다보니 거기에
수증기가 서려 있다

나도 모르게 손을 집어넣었다가
깜짝 놀랐다
땅의 품에 안긴
따뜻한 물이었다

왜 그럴까, 묻기도 전에
이미 그곳으로
옮겨 와
도착해 있던 온도

그 재빠름이
몹시도 부끄럽다는 듯
언어가 아니고
물은 수증기가 되어 피어올랐다

나도 다시
언어의 짐을 내려놓고
두 손을 가만히 물에 담갔다

솟아오르는 물의 언어에
화답하기 위해

2. 시간표

이다지도 조용한 숫자를 본 적이 없다
15
그리고
25
수많은 숫자를 모두 가라앉히고
가가시 우시오즈마치 마을

버스정류장 시각표에는
두 개의 숫자만이 적혀 있다
하루에 두 번
10시 15분과
15시 25분
흐린 날씨의 무거운 하늘 깊은 곳에서
어느새 가는 눈이 내리기 시작했다
어디에선가 희미한 엔진소리가 나서
돌아보니 눈앞에
도착했을 리 없는 버스가 서 있다
유리창은 흐리고
승객들은 고개를 숙인 채이다
운전기사의 눈은 물웅덩이 같다
마음만을 싣고 문이 닫히며
버스는 출발한다
눈 내리는 깊은 하늘 아래
어두컴컴한 뒷문으로 내려다 본
마을의 아무도 없는 버스정류장
차가운 시간표의
15

그리고
25
그 주위로 내려 쌓이는
시간의 깊이

3. 우먼

굵직한 느릅나무를 산들산들 흔들며
작은 새들이 일제히
눈 쌓인 길 위로
내려앉는다

하늘에서 뿌리는 큰 눈송이의 환희가
부드러운 진흙땅을
분노처럼
내려친다

우리들의 유방은 부풀어 있다

아직 조금은

기가 약하지만
야만스럽고 복잡한 태양빛
작은 레몬만 한 무게의 새들이

모였다가
흩어지고
다시 모여

쥐락펴락을 반복하는 강한 힘이
봄의 땅 위에 작용하고 있다

우먼
선명하게
직관이 물 위에 영혼의 모습을 그린다

4. 폭포

"폭포가 있는 곳이라면 잘 알고 있다"
산사나이는 말했다
그 눈빛은 확실히

폭포가 있는 곳을 알고 있었다

하지만 그곳은
지도를 펴보이듯 가르쳐줄 수 있는 건 아니고
산사나이의 머릿속에
긴 세월동안
침묵과 함께 접혀 있어서
"폭포가 있는 곳이라면 잘 알고 있다"라고
말했을 때 처음으로
물보라 소리와 함께
외부로 넘쳐 나온 조용한 지혜였다

이 말을 듣자 사람들은 모두
자신 또한
물을 찾아
오래 여행해 왔음을 문득 깨닫는다

어디 있어요? 라고 묻는 사람은 아무도 없다
폭포는 있다
있다는 희망만으로도 충분하다는 듯

여행자들은 무거운 허리를 펴고
폭포로 향해 내처 걷기 시작한다
한 사람 한 사람 각각
전혀 다른 방향으로 뿔뿔이 흩어져서

―――――――――
〈옮긴이 주〉
* 가가시 우시오즈마치(加賀市 潮津町) : 이시카와(石川) 현 남서부에 위치한 마을.

보이지 않는 관계

1. 태양과 부재

석양이
집 한 채를 비추고 있다
그 비추는 방식으로 보아
그 집은
부재중임을 금방 알 수 있다
그런 연유로
그 집은
문이란 문은 굳게 닫고서도
석양의 침입을 집 안쪽까지 허용하고 있다
엎질러진 물처럼
구석구석까지
무효화하는 기척이 있다
태양은
열쇠가 잠긴 문을 쉽게 통과하여
집의 가장 안쪽, 깊은 곳에 닿았다
사람 눈에 띄지 않는
서늘한 부재가 따뜻해져간다
그 도달은

한이 없고
무섭도록 조용하지만 저항하지 못한다
왕의 직접적인 시선 같다
태고의
아득한 강의
범람하는 물소리를 봉인하고
태양과 부재는
그날 세상에서
가장 조용한 접합을 했다

2. 새와 가지

느릅나무에
새 한 마리가 날아와 앉는다
대기 속에서 조용히
시간의 눈금이 늘었다
누군가 낯선 사람의 손이
새의 중량을 저울질하고 있다
하지만
돌멩이 한 개쯤의 살을 가진 작은 동물이여

날개를 가진 너에게
원래 무게라는 게 있기나 했던가
살아가는 속도는
수직으로, 아래로 드리워진 살의 무게를
언제나 수평으로 분해한다
살아 있다 우리는
아무런 감각도 없이 살아 있다
자신이 가진 살덩이의 뻔뻔스런 중량으로서
그런데 새는 어디로 갔을까
가벼이 어디로 사라졌을까
새가 날아오른 청결한 공간에
오래오래
대답을 해주듯 나뭇가지가 흔들리고 있다
대답을 숨기듯 나뭇가지가 흔들리고 있다

3. 비의 생애

비가 한데로 모여 흘러내린다
무리인데도 시끄럽지 않다
'비'라고 한꺼번에 몰아서 부르는데도

서로 섞이지 않는 물방울들은 낙하하는
격렬한 여행 중이다
인력이라는 타력에 이끌려
땅에 도착하기까지의 짧은 동안을
속도만으로 달려가는 물의 생애
그 생애의 한중간쯤
비를 바라보는 우리의 시선과 나란한 위치에
조용히 물의 공이 멈춰 있다
사는 속도에 시야를 빼앗겨
눈에는 보이지 않는 부동의 것
어떤 속도도 추월하지 못할
그것이야말로
생의 심지
반짝반짝
불가사의한 위치에 머물러 있다
관찰자는 조금도 젖지 않고
비의 생애를 응시하고 있다

4. 바람의 탄생

위에서 아래까지
투명하게 바람이 통하는 옷감 한 벌처럼
살아가고 싶다
나는 옷감이지만
나를 본 사람이
옷감을 잊고서 바람을 보듯이
아예 바람이 되어
언젠가 바람이 멈춘 골짜기에서
나는 홀연히 헌 옷감으로 돌아가리라
나뭇가지에 걸린 내 위를
새로 불어온 바람이 건너가리라
아무도 분별하지 못할 형태로 바뀌어
옷감이 바람에게 말하리라
 '나는 너를 여기서 바라보고 있으마'
깨질 듯 차가운 갓난아기의 첫울음소리가 오르는
그때가 바로
바람이 태어나는 시간이다
지금 계곡에 걸린 다리를 건너

지금 강물과 서로 앞을 다투며
휘몰아치며 골짜기를 빠져 나간다
나는 바람
옷감에서 빠져나왔을 때의 아픔이
내가 기억하는 최초의 감정
바람을 배웅한 옷감으로서의 아픔이
내가 기억하는 가장 오래된 감각
깊은 골짜기 아래서 헌 옷감은 썩어간다
그리고 바람은
추억도 고향도 가까운 사람도 갖지 않고
그 외로움으로 투명해진 채
외로움을 추월하여
다시 휘몰아치며 건너간다

물마루

깊은 밤 우에다 씨가
홀로
컴퓨터 화면 속
쓰나미 영상을 반복해서 들여다본다
시작은 조용하다. 두려우리만치 잔잔하다
이윽고 장벽처럼 격분한 파도가
모든 것을 말없이 집어삼킨다
정신없이 도망치는 인간의 검은 그림자
탁류가 아우성치는 소리 외에는 아무것도 들리지 않는다
비명 소리조차 없다
많은 사람이 죽었다는 소식에
그는 더욱더
눈을 떼지 못한다
왜일까
징조가 있고
그와 일치하는 현실이 단호한 얼굴로 찾아와
모든 것이 끝난다
보아야만
겨우 평정이 유지되는 낯
아직 오지 않는 그것을

기다리고 있다
코를 찌르는 물마루의 냄새
"실은 나, 쓰나미 보는 걸 굉장히 좋아해"
어느 오후 식당에서
죄를 고백하듯 말하는 우에다 씨의
붉은 혀는 조갯살
그 말갛고 단정한 얼굴이
달빛에 비친다
안와眼窩는 구멍
파도가 빠져나간 바닷가에는
두부頭部처럼 흠뻑 젖은 영혼
퉁퉁 부풀어 오른
저것은 누구의 것인가

〈옮긴이 주〉
* 안와(眼窩) : 머리뼈 속 안구가 들어가는 공간. 뼈로 둘러싸여 있으며 눈 주위 근육, 혈관, 신경 등이 있다.
* 우에다 씨의 원어 : 上田.

딸

봄의 흙탕물을 뒤집어쓰고 사는
말의 모가지가 말라 있다
쌀알 속에
할머니의 우는 얼굴
한 톨 한 톨 주워 먹는다
다음에 또 장아찌 담가주세요
무거운 무쇠냄비는 제가 닦을게요
작은 새에게 피와 조를 주세요
봄의 흙탕물을 뒤집어쓰고 살아가는
말의 뱃가죽에 죽 늘어선 집들이 보인다
흰머리는 더 이상 염색하지 마세요
십 킬로그램짜리 쌀 포대는 제가 들게요
눈물은 절벽에서 흘리세요
봄의 흙탕물을 뒤집어쓰고 살아가는
말의 귀에 노래를 흥얼거린다
두두룩한 언덕에 햇살이 비친다
태어난 땅
자라난 마을
봄의 흙탕물을 뒤집어쓰고 살아가는
문패에 새겨진 글자, 호적등본

벼락 맞은 전봇대
언어는 이제 사라져주세요
4월이 되면
오겠지요
먼지가 이는 시골길을 걸어
장미꽃 무늬 블라우스를 입은
수줍음 많고 세상 물정 모르는 청초한 딸아이가
수줍음 많고 세상 물정 모르는 청초한 딸아이가

새우 신사

시간은 흐르지 않는다
바싹 마른 강바닥에
무정한 돌의 모습으로 하염없이 놓여 있기도 한다
책상 위의 불안정한 컵
살짝 스친 내 팔꿈치에 그만 쓰러진다
물에 젖어
못 읽게 된 소중한 편지가
딱딱하게 말라갈 즈음에는
모든 게 끝나 있었다
불가역이란
오래전에 누군가가 중얼거린 저주의 말
중얼거린 이조차 그 의미를 알지 못했다
열쇠 구멍에 열쇠가 꼭 맞듯이
의미가 꼭 들어맞는다
어제 나에게
주근깨투성이의 귀여운 여자아이가
길을 물었다
나보다 훨씬 유창한 영어로
어디에서 왔니? 나는 물었다
Where are you from?

Where are you going?
이제 어디로 가니?
중국에서 온 여자아이는
카메라를 끌어안으며 지도를 내민다
눈과 눈이 마주친다 엇갈렸다가 다시 마주친다
거기까지 함께 가자꾸나 내가 말한다
도중까지
예전에도 누군가에게 건넸던 말이다
그 아이 안에서 번쩍하고 불꽃이 일더니
우리 안의 무언가가 점화되고
우리는 함께 방향을 틀어 걷기 시작한다
그때도 그랬다
같은 곳을 향해 보조를 맞추던 그 순간이
행복했다 우리는
언제나
도중까지는 누군가와 함께 간다
길이 갈리는 곳
다시 혼자가 되는 그곳까지는
함께 가자꾸나
고마워요 고마워요 정말 고마워요

그 아이는 몇 번이나 고맙다고 말하고는
신사가 있는 숲속을 향해 차츰 작아지다가 사라졌다
그때야 비로소 내가
shrine(신사)와 shrimp(새우)를
바꿔 말했음을 알았다
고마워요 고마워요 정말 고마워요
바다에서 기어 올라온 새우 떼가
굵은 자갈길을 요란하게 행진하며
신사 안으로 들어간다
3월의 차디찬 물
여보, 여보, 여기서 기다려요
불똥이 튀고 있지만
여기라면 분명 괜찮을 거예요
여보, 여보, 여기서 기다려요
칠십 년 전 다리 밑에서 솟구친 그 여자의 목소리
할아버지의 귀에 들리던 그 소리가
지금 문을 부수고 내게 와 닿는다
차디찬 물 추워 추워
어서 어서 도망쳐 도망쳐
강 위를 떠내려가는 불타는 뗏목

신사 안에 드러누운 새우들이
몸을 구부리고 흐느껴 운다
그 소리가
투명하게 여과되어 흘러간다
지금, 굵은 자갈 위를

〈옮긴이 주〉

* 신사(神社) : 일본에서 왕실의 조상이나 고유의 신앙 대상인 신 또는 국가에 공로가 큰 사람을 신으로 모신 사당.

비를 몰고 다니는 남자

그 남자가 나타나면
순식간에 주변이 어둑해지고
갑자기 공기가 습해지는 걸 알 수 있다
그러니 누구라도 안다
드디어 비를 몰고 다니는 남자가 왔다는 것을

여자들은 제정신이 아니다
널어놓은 이부자리를 어찌하나
약속 시간에 늦을 거야
한편으로는
이상하게도 비를 몰고 다니는 남자가 나타나면
오히려 안정을 찾는다는 여자도 있다
손가락과 손가락 사이, 가랑이와 가랑이 사이
눈꼬리 같은 데가 젖어온다는 여자도 있다

어느 날, 비를 몰고 다니는 남자가 처마 밑에 나타났다
자신으로 인해 내리는 비이지만
늘 남의 일로만 느껴져서
비를 몰고 다니는 남자는 몹시 슬펐다
게다가 그 사내에게는

가까운 친구가 한 명도 없다
사람들은 누구라도 그를 알고 있었다
그 남자잖아, 금방 알아차렸지만
어떻게 말을 걸어야 할지 몰라
모른 체했다

어느 날, 비를 몰고 다니는 남자는 수첩에 썼다

'비를 내리게 하는 만큼씩 나는 죽어 가는 건가?'

그러자 바로 비가 쏟아졌다
잉크가 번지고
글자가 흐려져
거기에 뭐라고 써 놓았는지
이젠 아무도 읽을 수 없었고
그 자신조차 읽을 수 없었다

감이 있는 주방

어느 날 감을 선물 받았다. 주신 분이 자기 집 뜰에 열린 감을 따왔다고 한다. 방추형의 유방과 비슷한 모양이다.

"맛보세요. 씨도 들어 있어요."

메이지 시대에 태어난 그 여인은 흐트러진 머리카락을 쓸어 올리며 말했다. 친절한 분이다. 고마웠다.

근래에 슈퍼에서 사 먹는 감은 왠지 이로 나무를 갉아먹는 듯하다. 씨도 없고 묘하게 반질반질하다. 식품 견본 아니면 완구 같은 느낌이다. 옛날 감은 씨 주변에 쓴맛이 돌았다. 혀를 씨에 대면 약간 저려오는데 그 싫은 느낌조차도 그립다.

다음 날 또 다른 이에게서 또 감을 받았다. 이번에는 네모나고 튼실한 감이다. 안정감이 있어 올려놓고 보기만 해도 좋을 감이었다.

"감은 지금 가장 맛있을 때지."

그 사람은 이렇게 단언하고서 질풍처럼 돌아갔다. "이 시집은 지금 가장 재밌다."라고 말하듯이.

같은 일이 이어졌다. 다음 날에는 다른 사람이 또 감을 주었다. 알도 작고 껍질도 더러웠으나 빨갛게 잘 익어 말랑말랑하고 부드러웠다.

"감을 줄 테다."

마지막에 감을 건네준 사람은 난폭한 자여서 "줄 테니 먹어라."라고 억지로 떠맡기듯 놔두고 갔다.

  이리하여 여러 종류의 감들이 주방 한쪽 구석을 데굴데굴 굴러다녔다. 여동생과 단둘이 살고 있어서 집 안에 쌓인 감은 도저히 다 먹어 치울 수 없는 양이었다. 차츰 감만 보면 싫어지면서 눈에 띄기만 해도 신트림이 나왔.

  하는 수 없이 큰 골판지상자에 몽땅 다 쑤셔 넣어서 주방 한구석에 아무렇게나 처박아 두었다.

  이젠 뒤죽박죽으로 섞여 있어서 어떤 감을 누구에게 받았는지도 몰랐다. 귀찮은 선물을 받아들였다. 필요 없습니다 라고 세 번째는 단호하게 거절했어야 했다.

  그날부터 깊은 밤에 눈을 뜨면 상자 부근에서 가만가만 두런거리는 이상한 소리가 들렸다. 한번은 상자 뚜껑을 열어 보니 왠지 감의 수가 늘어난 것 같았다. 어느 종류가 증가했는지 정확히는 모른다. 어느 종류든 조금씩 증가했다는 느낌이 들었다.

  감을 준 사람들은 친절한 척 감을 주었으나 실은 이 증가하는 감, 사악한 감을 내게 억지로 떠맡김으로써 내다버린 건 아니었을까.

  감은 확실히 계속 증가하여 급기야는 감들이 상자 뚜껑을 밀어 올리고 마루로 넘쳐흘러 주방은 발 디딜 틈조차 없었다.

  우리 자매가 쇠약해진 건 분명 그 감의 번식 때문이었다.

그리고 한 달 후 나는 죽었다. 여동생은 그보다 일주일쯤 전에 먼저 죽었다. 둘 다 사인은 아사였다.

감은 넘치도록 많았으나 그 외에는 먹을 게 전무했다.

집은 황야. 아무도 없는 봄밤의 주방, 구석구석까지 부드럽게 가득 찼던 감의 증가도 진정된 듯했다. 그렇게 생각한 날을 기점으로 이번에는 감의 수가 조금씩 줄어들기 시작했다.

누가 먹고 있는지 며칠 후에는 주방 바닥에 씨가 흩어져 있기까지 했다.

줄줄. 지절지절. 짭짭. 쩍쩍.

주방에서 감 먹는 불온한 소리가 난다. 먹는 자의 모습은 보이지 않는다. 잘 익어 투명한 감 즙만이 어둠 속의 주방 여기저기에서 작은 폭포처럼 방울져 떨어지고 있다.

산의 세계

1
열매가 떨어진다
충분한 이유를 질량으로
그때만 주어지는 시간의 틈새를

낙하하는 소리가 산 전체를
두개골처럼 텅 비게 한다

나는 없다
내가 산이니까

산의 열매가 떨어진다
가지에서 지면으로
누구에게도 들리지 않는 비명을 지르며

그 거리 사이에
끼어 있는 삶

그리고 나는
서둘러 떨어지고 있는
낙하 도중의 열매

아직 닿지 않은
지상이 멀다

그때
천년이 뻥 뚫려 있다
완전히 빠져 있다

2
산길에
떨어져 있는
나뭇가지

떨어져 있는데도
이처럼 청결한 느낌을 주다니

나뭇가지를 줍는다

아무 도움이 되지 않는 것들을 주우면서 걷는다
어렸을 적에
모든 길의 끝자락이나
가장자리와 테두리를 좋아했다

언제나 혼자서
노래를 불렀다

나뭇가지
나뭇가지란
매장된
신의 한쪽 팔이 아니었을까

나뭇가지를 든 소년은 엉덩이에 힘을 주고
나뭇가지 끝을 땅에 끌면서 걷는다

혹은 우주를 휘저어 섞은 흔적
혹은 죽은 자의 입안을 물로 가셨으므로
혹은 폭우의 유도자로서
나뭇가지 끝은 때때로 젖어 있다

한 번 주우면 버리지 못하고서
나뭇가지를 떠받들듯
들고 간다

콩과 가족

한 여자가 부엌에서
조용히 콩깍지를 까고 있다
블랙 아이드 피라는 콩이다
프라이팬에 볶아서 먹는다
이름 그대로
검정색 눈알 같은 작은 콩이다

딸이 그 옆을 지나간다
어머니의 모습을 보고 딸도 콩깍지를 깐다

심심한 손녀가 부엌에 들어온다
어머니와 할머니의 모습을 보고 손녀도 콩깍지를 깐다

남편이 출장을 갔다가 지쳐 돌아온다
세 사람의 모습을 보고 남편도 콩깍지를 깐다

아들이 애인을 데리고 돌아온다
네 사람의 모습을 보고 그들도 콩깍지를 깐다

정신이 들자

조용히 콩깍지를 까고 있는 여섯 명의 가족
테이블 위에는 조용한 콩깍지의 산

"우리가 왜 콩깍지를 까는 거지?"

아무도 대답하지 못할
가장 조용한 의문 하나가
마지막으로 문을 열고 들어와
살짝 테이블 앞에 앉는다

〈옮긴이 주〉
*블랙 아이드 피(Black-eyed pea) : 콩과의 한해살이풀이며, 꼬투리의 길이는 15~20cm 정도이다. 씨의 한 부분에 색소가 집중되어 검은 눈처럼 보인다 하여 붙여진 이름이다. 우리나라에서는 동부콩이라 부른다.

그물

미끄럼틀을 미끄러져 내린다
웃고 떠들면서
계단을 올라
몇 번이나
미끄러져 내린다
몇 번이나 다시 몇 번이나
노는 아이들이 원형을 이루는 시간
거기서 튕겨져 나온 어른의 무리가
원형체 밖에서 도리 없이 서로 섞인다
그 아이들은 머리나 다리를 써서
눈부신 세상의 모든 장소에서
산소처럼
나갔다 들어갔다
뒤집어졌다
서로 부딪쳤다 하며
아무리 격렬하게 돌아다녀도
누구도
이 세상의 가장자리에서 넘쳐흐르지 않도록
넘쳐흐르지 않도록
보이지 않는 큰 존재의 그물이

구석구석까지
그들을
건져 올려준다

구두가 있는 풍경

반짝반짝 닦여진 남자구두가
눈앞 마루 아래 나란히 한 줄로 놓여 있다
닦아놓은 구두는 보기 좋다
뭐가 나빠? 라고 당돌하게 물어올 것 같다
그러나 반짝이는 '구두' 보다 '닦은 힘' 쪽을
보는 사람에게 한층 더 느끼게 하는 경우도 있다
이 한 줄 속에 단 한 사람
닦지 않은 구두를 신은 남자가 있다
닦지 않은 구두가 나쁘진 않지만
때에 따라서는 좋지 않을 수도 있다
그 구두에서 신발 주인의 얼굴이 보이는 탓이다
지친 얼굴을 한 남자다
'날 상관하지 마라'
그런 얼굴이다
마음이 편해진다
닦지 않은 그 구두에
그 친밀한 더러움에
시선은 한순간
새처럼 앉았다가
'그리 오래는 멈춰 있지 않았지만'

달리는 전철 창문에서 그 풍경은
가볍고 경쾌하게 달아났다

나뭇잎과 존재

1. 형상

뚫린 바위에 차오르는 빗방울
떨리는 수면에
낙엽은 떨어져서 떴다가 가라앉는다
그것을 내가 보기 전과
본 순간과
보는 것을 멈춘 뒤
어떤 시간 층에 있어도
완만하게 계속 그대로이고
그 본질을 바꾸지 않는 잎
이윽고 썩어서 형태가 풀어질 때까지
살아가는 나

2. 측량

눈앞에 지금 막 떨어져 내린 낙엽
정확히 자각한 어떤 무게로
지상에 닿을 때까지의 짧은 거리를
한순간에 측정하고

잎에 겹쳐져서
다른 모양으로
지상에 떨어져
눈 깜짝할 사이에 운명을 같이한다
'낙하!'
죽음을 넘어
나는 조용히 빠져 나간다
기념일 깃발이 휘날리는 거리 한복판을
차가운 흙냄새를 맡으며
드넓게 펼쳐진 겨울 공터로

상냥한 인식

그때
휙 그림자가 지나갔다

올려다보니
나는 큰 나무 아래를
지나고 있었다
겨우 알았다
여기에 이런 나무가 있다는 걸
바람이 불어오고
나무 우듬지에서 잎이 흔들리고 있다는 걸

나무는 어디로도 옮겨가지 못하므로
사람이 알아봐줘야 하지만
알아봐주지 못하더라도
나무가 거기에 있다는 사실은 변함이 없다
그것이 나무 본연의 모습이다

한순간의 그림자에 뒤덮여
내가 나무를 알아보았다기보다는
그보다 조금 빨리

나무가 나를 먼저 알아보았다고 느끼는 건
오만일까

이렇게
상냥하게 인식해준 적은 없었다
나무 아래에 서면 발걸음이
느슨해지는 건
분명 그 이유이다

5월
이 조용하고 큰 나무에
나는 줄 만한 선물이 하나도 없다

책과 새

베네치아의
가을 오후
헌책방 안으로
길을 헤매던 한 마리 흰 새가 푸드득 날아들었다

어두운 천장을
아직도 푸른 하늘이라고 믿는 기색이었으나
곧바로 뭔가에 잘못 붙들렸다고 알아차린 듯
날개를 접고
공중에 정지한 한순간이 있었다

이 마을에서는 새가
책이 되기도 하고
책이 새가
되는 일이 자주 있다

누구나 고개를 숙이고 책을 읽는 책방 안에서
그때 여기저기 책의 등표지 모서리가 뾰족해지고
나는 그 소리에 귀를 기울이고 있음을 알았다

새의 날개는 페이지와 꼭 닮았다

날개를 치면서
잠자는 사념을 흔들어 깨우는 것이다

읽고 있던 첫 페이지로 재빨리 돌아오기도 하고
아직 읽지 않은
마지막 페이지까지 단숨에 가보기도 하고

저것은 새가 아니고
날아다니는 책이었다
쌓인 책 위로
흐르는 그림자의 단단함을 보면 알 수 있다

문을 열어주자
새는 내 어깨를 스치며
빠르게 거리로 날아갔지만
그날 그 헌책방의 모든 서적에는
날갯소리가 안개처럼 스며들었다
다음부터 누군가 책방 문을 열면
새가 되겠노라고
어느 책이나 조용히 마음먹었으리라

어떤 목소리

안쪽에 건드리기 힘든 뭔가를 숨긴 듯한 목소리가 들려와 그쪽을 바라보니 한 평범한 청년이 눈에 들어온다.

친구와 이야기를 나누며 전철에 막 오르는 참이었다.

벌써 거기에 있는 것만으로도 누군가를 용서하는 듯한 뭔가가 목소리 속에 섞여 있다.

불가사의한 목소리다.

목소리에 전혀 탁함이 섞이지 않았다. 목소리 자체가 가진 성질이라기보다는 그 목소리가 닿는 곳에서 탁함이 폭로된다는 느낌이다.
 이는 탁한 것과의 접촉에 의해, 이야기를 듣는 쪽에 맑고 깨끗한 인상을 남긴다.
 작은 새소리라면 납득하겠지만 그가 하는 말에는 아무런 의미가 없다. 인간의 목소리는 달라야 하지 않은가.
 하지만 그의 목소리에서는 전혀 '감정'이 느껴지지 않는다.
 웃물은 바닥에 진흙 덩어리를 숨긴다. 그 목소리의 순진함과 투명함에는 사악함이 도래하기 이전의 어수선한 불안이 감지된다.

신경이 쓰였으나 눈을 감고 청년이 눈치채지 못하게 무관심한 척했다. 그리고 은밀히 그 목소리에 귀를 기울였다.

그러자 그 목소리의 소유자는 말한다.

"아마도 그는 범죄자가 될 거다.
별수 없지만, 사실 그 자식은 좋은 놈이야.
그 자식도 그 자식의 어머니도."
무서운 말을 훔쳐들었다고 생각했다.
나는 '그 자식'을 전혀 모르지만 내게는 그 목소리가 뜻하지 않게 어떤 올바름을 이 세상의 밝은 곳으로 끌어낸 것처럼 여겨졌다.

"……아마도 그는 범죄자가 될 거다."

감고 있던 눈을 뜨고 그를 보았다. 그 말을 하는 얼굴을 천천히 확인해보고 싶었다.
손잡이를 잡고 있어 눈 주위는 팔에 가려 보이지 않았으나 입가는 온화해 보이고 미소를 짓고 있다. 살갗이 희고 키는 보통이다. 흰 살갗이 분칠을 한 것처럼 차량 안에 떠 있고, 그 외에는 별로 특징이 없어 보이는 남자다.

자세히 살펴보니 윗도리 주머니가 이상하게 부풀어 올라 있어 무엇을 넣었는지 마치 그곳만이 괘씸한 쥐 같은 것이 둥지를 틀고 있는 것 같았다.

　나는 부풀어 오른 주머니에 문득 생리적인 혐오감이 느껴졌다.

　얼른 남자에게서 눈을 돌려 다른 곳을 바라보았다.

　"……별수 없지만……."

　아직 범하기 전인 그 죄는

　"……사실 그 자식은 좋은 놈이야……."

　범하기 전에 이렇게

　"……그 자식의 어머니도……."

　그 목소리에 의해 용서받는 걸까.

　염소 같은 눈을 가진 평범한 청년의

　단언 쪽으로
　의미 쪽으로

　그때 아득한 거리를 두고 눈과 코가 분명해 보이지 않은 한 남자가 조용히 걸어가는 모습이 떠올랐다.

두 개의 우산

큰 우산과 작은 우산 두 개가
주인을 기다리며
나란히 물방울을 떨어뜨리고 있다

작은 우산을 가진 아이가
커서
큰 우산은 가지겠지만
작은 우산이
커서
큰 우산이 되지는 않는다

나중에는 사람에게서 방치되어 가는
물건의 슬픔
이윽고 물건에서 벗어나는
사람의 슬픔
작은 우산과
언제 헤어졌을까
그때가 전혀 떠오르지 않는
망각의 슬픔

영원히 오지 않는 버스

아침에 버스를 기다리고 있다
진달래가 피어 있다
도쿄 도 운행 버스는 좀처럼 오지 않는다
세 명 네 명 기다리는 사람이 점차 늘어난다
5월의 버스는 좀처럼 오지 않는다
버스가 오는 쪽을 향해 모두들 고개를 돌리고
네 명 다섯 명, 8시 20분
드디어 버스가 나타난다
다리 저쪽에서 녹색 쪼가리가
점점 커지더니 버스가 되어 달려온다
기다리느라 힘주고 있던 눈꺼풀을 풀고
다섯 명 여섯 명 승차장 안으로 들어선다
여섯 명 일곱 명 목을 늘어뜨리고 승차한다
기다리던 것이 왔다는 게 신기하다
오지 않는 것을 기다리는 일이 내가 하는 일상이므로
승차하고 나서 문득 깨닫는다
달려와서 버스를 타지도 않았고
버스를 놓친 한 여자가
정류장에서 아직 기다리고 있다는 것을
다리 저쪽에서 솟아오르는

그것은 언젠가부터 희망 같은 것이었다
진흙 묻은 스커트가 바람에 휘감기고
버스를 바라보는 동안 날은 흐렸다 개었다 하고
오늘 아침에도 하늘을 향해
먼지에 찌든 마을의 굴뚝은 솟아 있고
거기에서 찢겨져 나와
그저
밝은 다음 역으로
우리는 의연하게
이동되어간다

3부

나무 그늘

콜카타에서 약국을 운영하는 대가족의 집에서
시를 쓰는 한 소년을 만났다
눈동자에 짙은 그림자가 감도는 자못 영리해 보이는 소년이었다

직접 말하지는 않았다
시를 쓴다는 사실을
언제 어느 나라에서도
스스로는 말하지 않을 것이다
소년의 누나가 소년의 등을 밀며
"이 아이는 그러니까…… 시를 쓰고 있어요"
그렇게 말했다

아! 하며 나는 그를 바라보았다
부끄러움과 자부심이 뒤섞인 얼굴로
소년은 뭔가를 감내하고 있다

내가 말을 꺼내려는 순간
우리 사이에
뒤틀린 침묵이 끼어들고 만다

누나에 의해 비밀의 문이 데걱 열렸다

매일 쓰나요?
내가 물었다
침묵의 뒤틀림을 견디지 못하고
부질없이 묻지 않아도 될 말을 던진다

"아니오 저는
저는 그렇게, 그렇게는 못해요
그렇게 매일같이 쓴다는 건……"
사라져 가는 말꼬리를 질질 끌며
그는 검게 그을린 작은 사슴 같은 몸을 흔들며
자신의 방으로 쏜살같이 달아났다

인도 콜카타에서 약국을 하는 어느 집의
많은 방 중 하나에
시를 쓰는 한 소년이 있다
그 사실이
서로가 앞에 없는 지금에야
내 눈에 또렷하게 다가온다

나는 생각한다
그 소년이야말로
온 세상 사람들에게
시를 쓰게 하는
단단한 심장임이 틀림없다고

편수

칸치, 칸치
미세스 칸치는
쿠마르툴리 거리에 사는 여장부
서른 살, 공방을 이끄는 편수다
콜카타의 제사에서
제단에 모시는 여신상을 만든다
일본에서 서른 살은 어린애 같아서
비교해보면 다들 칸치의 자식 같다
그녀는
어머니를 모시고 자식을 키우느라
아침 일찍부터 밤늦게까지 일한다
남편은 홀로 이스라엘에 돈 벌러 갔다
"싸움은 해본 적도 없어요"
온 가족의 생활이
그녀의 벌이에 달려 있다
아아, '히구치 이치요'구나
공방을 나와 집에 도착하면 우르르 몰려나오는
숙모 삼촌 조카딸 조카 사촌 타인
"먹고 살려고 하는 거예요. 암요, 먹고 살려고 만드는 거예요"
뭐라고 물었더라 내 물음에

그녀는 반쯤 신물이 나고 반쯤 절망하여 내뱉듯 말했다
무언가를 만들어내는 고통과 기쁨
그걸 지금 여기서 공유하고 싶어서
당신은 장인이에요 예술가가 아니고
저도 그중 한 명이랍니다
그렇게 분위기를 바꿔보려 했지만
"먹고 살려고 하는 거예요. 그냥 먹고 살려고 만드는 거예요"
그 말을 마치고 칸치는 울어버린다
"제사가 끝나면 내가 만든 여신상을
 전부 갠지스 강에 흘려보내요.
 그걸 못 보겠어요. 차마 볼 수가 없어요.
 지금껏 한 번도 본 적이 없어요"
여신상은 진흙으로 만든다
모든 게 끝나면 강에 흘려보낸다
그 광경을 떠올리며
나도 칸치와 함께 울었다(마음속으로)
그 소리는 마치 갓난아이의 첫울음소리 같다
갠지스 강 바닥의 진흙
진흙을 떼어 내 사람 모양으로 만든
우리들이 여기에 있다

영혼은 아직도 진흙에 뒤덮인 채로

───────────

〈옮긴이 주〉
* 편수 : 각종 수공업에 종사하는 장인들의 두목.
* 칸치 : 인도인의 이름.
* 쿠마르툴리(Kumartuli) : 인도 콜카타 북부에 있는 거리의 이름.
* 콜카타(Kolkata) : 인도 동부에 위치한 서벵골 주의 주도(州都)로 옛 명칭은 캘커타(Calcutta)이다. 황마, 쌀, 차 따위의 수출로 유명하다.
* 히구치 이치요(樋口一葉, 1872~1896) : 일본의 여류 작가. 여성의 몸으로 작가로 성공하기 위해 고군분투하였으나 사랑과 건강, 돈을 모두 잃고 요절했다. 고전 및 동시대의 문예 작품에서 많은 면을 흡수하였으나 기존의 소설 형태에서 일탈하는 측면도 많았다. 대표작으로 소설 『키재기』, 『탁류』, 『열사흘밤』 등이 있다. 그 외에도 일기와 에세이, 4000수가 넘는 와카(和歌) 등을 남겼다.

인력거
    – 콜카타 거리에는 인력거가 달린다

지면을 긁는 바퀴 소리가
도록 도로록 도로로로록
올라탄 나의 뼈에 울린다
떠올리면 뼈가 울린다 뼈가 기억하는 인도의 대지
죽은 자의 노랫소리
도록 도로록 도로로로록
인도의 거리를 메이지 시대가 달린다
달린다 다이쇼, 쇼와의 초기가

색불이공
공불이색
색즉시공
공즉시색

학교를 마치고 돌아가는 교복차림의 여학생이
진지한 표정으로 타고 있다
세 갈래로 머리를 땋은 갈색 피부의 인도 처녀가 입은
스커트의 굵은 주름이 너울거린다
좋아하는 사람과 결혼하나 부모가 정해준 사람과 결혼하나
어느 쪽이나 마찬가지다

나의 집으로 돌아가자
낡은 삼면거울이 있는 집의 세계로
거울 속에 비친 삼세三世

불생불멸
불구부정
부증불감

도로록도로록 전근대前近代를 향해 돌아간다
인력거를 타고
운전수의 목에 감긴 격자무늬 인도 면직물
저쪽 골목에서 내려 주세요

아제
아제
바라아제

나라는 짐을
나에게서 내려주세요

〈옮긴이 주〉

* 색불이공 공불이색 색즉시공 공즉시색(色不異空 空不異色 色卽是空 空卽是色) : 〈반야심경〉에서 '물질적 현상(色)은 실체가 없는 것(空)이며, 실체가 없는 것이 물질적 현상이다. 물질적 현상은 실체가 없는 것과 다르지 않고, 실체가 없는 것은 물질적 현상과 다르지 않다. 무릇 물질적 현상이란 모두 실체가 없는 것이요 무릇 실체가 없는 것이란 물질적 현상이다' 라는 개념을 설명하는 구절이다.
* 삼세(三世) : 불교에서 시간을 구분하는 개념. 전세, 현세, 내세를 말한다.
* 불생불멸 불구부정 부증불감 (不生不滅 不垢不淨 不增不減) : 〈반야심경〉에서 일체의 존재와 현상에 실체가 없다는 개념을 설명하는 구절이다.
* 아제 아제 바라아제(揭諦 揭諦 波羅揭諦) : 〈반야심경〉의 말미에 나오는 산스크리트어 주문. '가세, 가세, 함께 가세' 라는 뜻이다.

절단

그리고
커다란 탄식 소리가 들리고

어둠이 찾아왔다

인도의 정전
서로의 존재가 이렇게 생생하게 느껴지는데
온통 까맣게 칠해져 아무것도 보이지 않는다
도쿄 집에 있던
작게 빛나는 전자제품의 신호조차도

팥소 같은 어둠 속
바로 가까이에
춤으로 달아오른 여자들의 몸이 있고
내 몸이 있고
모공에서 푹푹 삶이 증발하고 있었다

확실한 것은
내 발이 땅 위에 있었다는 것
오른손에 작은 손이 날아 들어와

꼬옥 쥐기에 나도 꼬옥 잡아주었던 것
철사 같은 뼈의 감촉
종아리에
휘날리는 사리의 구름이 닿고
어둠이 부드럽게 열리자
그 안에서
매우 소중한 무언가를
불빛과 맞바꿔 건네받았다

옛날에 도쿄에도 정전이 있었다
촛불을 켜고
어린 아이였던 나는 무엇을 했을까
무엇을 바라보았을까
쇼와 시대에 두고 온
그 완벽한 어둠의 조각이
지금 여기 인도에 접속해서

강이 보이는
두텁고 캄캄한 시간의 흐름에
발을 담그려는 찰나

깜박 하고 전기가 들어온다 깜빡 하고 전기가

우리는
아까와 같은 미소로
그러나 조금 다른 미소를 띠고
다시 춤추기 시작한다
보이지만 아직 보이지 않는다
너무 밝은 이 현실을 춤춘다

어둠의
따스한 냄새를
배냇저고리처럼 몸에 걸치고

〈옮긴이 주〉

*사리 : 인도 여성들이 입는 민속 의상. 한 장의 기다란 견포(絹布) 또는 면포를 허리에 감고 어깨에 두르거나 머리에 덮어씌워 입는다.

천재

포목상을 하는 상 카르 씨네 가게는
가로 일 미터 세로 일 미터
주사위 같은 공간이다
양 옆으로도 비슷한 가게가 죽 늘어서 있다
가게라고 해봐야
그리 많은 물건을 갖춰 놓지도 않았고
특별한 물건이 있는 것도 아니다
파는 사람도 도무지 열의가 없는데
누가 사러 올까
그래도 상 카르 씨는 참으로 붙임성이 좋다
언제나 생글거리는
그런 사람은
대개 무섭도록 진지한 얼굴을 뒤에 숨기고 있지만
신기하게도
그의 얼굴은 아직 한결같다
"낮에는 낮잠을 푹 잤지만
 오후의 일은 어서 접자
 집에 갈 거야
 집에 가자
 자, 우리 집에 놀러 와"

우리는 벌벌 떨며 인도의 속으로 속으로 침입한다
어렸을 때는
손님이 오는 게 좋았다
신기한 사람이 와서
온갖 이야기를 들려주고
선물도 가져다주니까
손님이 돌아가면 그것도 좋았다
체면 차리느라 남기고 간 맛난 음식을 얻어먹으니까
지금은 그렇지 않다
손님은 곤란하고 귀찮고 손이 가서 돌아가고 나면 피로가 한꺼번에 몰려온다
기쁨은 언제나 놀라우리만치 적다
그런데 이곳 인도에서는 다른 모양이다
상 카르 씨는 쇼와 시대의 아이처럼
"그냥 오기만 해, 그냥 오기만 해"
도착한 집에는
그의 두 살 배기 딸이 여기저기
뒤뚱뒤뚱 돌아다닌다
도무지 누가 엄마인지 모르겠다 모두가 돌봐주고 있으니
잘 다녀왔느냐는 인사도 다녀왔다는 인사도

이곳에서는 필요 없다
보면 안다
"그림을 아주 잘 그리는 아이가 있어요. 시에서 주최하는 대회에서 금상을 받았지요"
누군가가 알려주어서
나는 좀 더 깊숙한 골목으로 그 아이를 만나러 간다
토실토실하고 수줍음을 잘 타는 아이
상 카르 씨만큼 붙임성은 없지만
자기가 그린 그림을 쭈뼛거리며 보여 준다
(천재로구나!)
생동감 넘치는 색채
사람을 개를 건물을 하늘을
힘찬 윤곽으로 종이 위에 그려놓았다
감탄하며 보고 있으니
여자 아이는 빙긋 웃으며
말없이 그 그림을 내민다
 '자, 가지세요' 라고 말하는 듯하다
 (내게 주는 거야?)
 (네, 그래요)
잘난 체하지도 겸손을 떨지도 않는다

(나는 여기에서
 이 그림을 그렸어요)
꼭 아이의 몸만 한 존재감
어딘가 좀 더 넓은 곳으로
그녀를 이끌어 내 주고 싶은 마음에
고개를 들었다
올려다 본 곳에 거울이 있고
그곳에는 동양의
언제나 긍정적이고 의심을 품지 않는 선한 여자의 얼굴
나그네여
당신의 생각에는 약간 때가 묻었군요
여기가 좋아요
이곳 콜카타가
 (나는 여기에 있다
 그리고 그림을 그린다)

―――――――
〈옮긴이 주〉
*상 카르 : 인도인의 이름.

화내는 여자

개털이 날리는 콜카타의 골목길
머리카락을 쭈뼛 세우고
수백 개의 주름을 만들며
화내는 여자
뜻 모를 말을 허공에 대고 외친다
저것은 나
나무에 저절로 불이 붙는다
불은 옆에 있는 나무 그 옆에 있는 나무를 태운다
활활 타오르는 산
짓무르는 바다
등유를 끼얹고 자살한
료고쿠 고등학교 2학년 D반 야마시타 군이
아직도 타고 있다
갑자기 허공에서 불붙는 감정
분노는 언제나 분노를 위해 준비되고
다른 분노를 먹고 부풀어 오른다
여자의 분노가 옆집 여자 그 옆집 여자에게 차례로 옮겨 붙는다

보라 이것이 분노에서 탄생한 칼리 여신이다
파괴적인 죽음의 힘

콜카타의 골목을 헤매다가 본 것은
남편 시바를 기둥 같은 발로 짓밟고
혀를 있는 힘껏 내밀고 있는 여신상이었다
제물로 바칠 선혈을 구하고 있다고 한다
골목길의 먼지를 일으키면서
그때 나는
투명한 천둥이
우르릉대며
동쪽으로 굴러가는 모습을 보았다
저것은 누구의 분노인가
눈뭉치처럼 커지며
흩날리는 개털이며 고양이털을 뭉쳐 간다

만일 내가
분노를 잉태한다면
언젠가 싱싱하고
새빨간 수박을 낳겠지
가랑이 사이를 피로 물들이며

너 또한 칼리란다

사리를 나부끼며 스쳐지나간 노파는
나의 턱을
나뭇가지 같은 손가락으로 치켜올리며 속삭인다
힘껏 짓밟고 가거라
대지는 불룩한 시바의 배란다
여자들이여

─────────────

〈옮긴이 주〉
*료고쿠 고등학교(兩國高等學校) : 도쿄 도(東京都) 스미타 구(東京都墨田區)에 있는 도립 고등학교.
*칼리 : 힌두교의 여신. 힌두교 전통에 따르면 우주의 영원한 에너지와 관계가 있는 여신이다. 산스크리트어 칼리는 칼라(kāla)라는 일반 명사에서 왔는데 칼라는 검은색, 시간, 죽음, 죽음의 신을 뜻한다. 칼리는 흔히 '검은 피부색을 가진 자' 또는 '파괴의 여신'으로 해석한다.
*시바 : 여신 칼리의 배우자 신. 힌두교의 주요 신이며 힌두교의 트리무르티(삼주신) 중 하나이다. 원래 시바는 부와 행복, 길조를 의미하는 신이었으나, 나중에 창조와 파괴의 신이 되었다. 시바가 지상에 인간으로 나타난 것이 왕이며, 왕은 신과 인간 사이의 중재자라고 믿었다. 시바를 최고신으로 숭배하는 힌두교 종파를 시바파라 한다.

쌀

   마르지나
       레카 마리크
    막소르 막소르
파티마
   마사요

땅 위에 천을 펼치면
그곳이 학교, 길거리 학교
누가 '선언' 하지는 않았지만
강물이 흐르듯
가르침과
배움이 시작된다
그 시작은 눈이 휘둥그레질 만큼 놀라웠다

      마르지나
  레카 마리크 마리크
막소르
      파티마
마사요

공책에 모두의 이름을 적게 했다
출석부 대신이다
그 속에 섞여 있는 내 이름
나도 있네, 여기에 있네
한자, 가타카나, 로마자, 데바나가리 문자
까마귀가 날아와 공책 위에 똥을 떨군다

누구든지 오세요
비 오는 날만 빼면 여기에는 항상 누군가가 있으니까요

우리를
하늘에서 보면
흩뿌린 쌀알처럼 보이겠지
참새가 쪼는 모이처럼
누구를 위해 뿌려졌을까

도쿄로 돌아와 나는 쌀을 씻는다
박박 문지른다
(나는 공장에서 씻어 나온 쌀을 좋아하지 않는다)

그 알갱이 속에
쓰여 있는 이름

마르지나 레카 마리크 막소르 파티마 마사요

───────────────
〈옮긴이 주〉
* 마르지나, 레카, 마리크, 막소르, 파티마 : 인도인의 이름.
* 마사요 : 고이케 마사요(小池昌代)의 이름.
* 가타카나 : 일본어에서 사용하는 음절 문자 중 하나이다. 주로 외래어, 의성어를 표기할 때 쓴다.
* 데바나가리 문자 : BC 3~BC 2세기경의 아소카왕 비문에 쓰인 브라미문자에서 유래한 나가리문자를 모체로 한 문자이다. BC 7세기경 인도에서 발달하여 10세기 이후에는 그 형태가 정돈되어 오늘날 일반적으로 보급된 문자의 총칭이 되었다.

■ 고이케 마사요(小池昌代) 연보

시와 나
고이케 마사요(小池昌代)

■ 옮긴이의 말
일상이 증식해가는 시
한성례

■ 고이케 마사요(小池昌代) 연보

1959년 도쿄 도東京都 고토 구江東区 후카가와深川에서 태어나다.
1965년 고토구립 메이지초등학교 입학. 여덟 살쯤 되었을 때 처음 시를 만남. 이 시기에 평생을 시와 연관되어 살아가고 싶다고 깊이 생각한다. 이 무렵부터 피아노를 배우기 시작하여 음악에도 깊이 사로잡힌다.
1972년 고토구립 후카가와 제2중학교 입학. 음악과 함께 시에 매료되는 마음이 한층 더 강해진다. 가지이 모토지로梶井基次郎의 『레몬』에 대한 독후감으로 '도쿄도 독후감대회' 입선. 단편소설 비슷한 글을 몇 편 쓴다.
1975년 도쿄도립 료고쿠両国 고등학교 입학. 비올라를 연주하기 시작한다. 시는 쓰지 못한 채 계속 시에 흥미를 갖는다.
1982년 쓰다주쿠津田塾 대학 국제관계학과 졸업. 졸업 후, 법률 잡지의 편집 일을 시작.
1986년 시가 간신히 행을 나누는 형태로 나타난다. 《시와 메르헨》을 비롯하여 시문학지에 작품을 응모하여 몇 편의 시가 게재된다.
1988년 첫 시집 『물의 마을에서 걷기 시작하여』(思潮社) 간행.
1989년 시문학지 《Mignon》의 창간멤버로 참여. 이후 10년간 동인으로 시와 에세이 등을 발표한다. 시문학지 《라·메르》에 실린 시로 '라·메르 신인상' 을 수상한다.
1991년 두번째 시집 『청과물 축제』(思潮社) 간행.
1995년 시와 에세이 잡지 《음향가족》을 창간. 컷 그림과 표지그림 등을 매호마다 직접 그린다.
1997년 세번째 시집 『영원히 오지 않는 버스』(思潮社) 간행. 이 시집으로 '현대시 하나쓰바키花椿상' 수상.
1998년 회사를 그만두고, 에세이, 서평 등 전업 집필활동 시작.
1999년 네번째 시집 『가장 관능적인 방』(書肆山田) 간행. 이 시집으로 '다카미준高見順상' 수상.
2001년 어린이를 위한 번역 그림책 『눈이 내리기 시작하면』(講談社) 간행. 에세이집 『옥상으로의 유혹』(岩波書店) 간행. 이 에세이집으로 '고단샤講談社 에세이상' 수상. 다섯번째 시집 『동트기 전 10분』(思潮社) 간행. 여섯 번째 시집 『비를 몰고 다니는 남자, 산속의 남자, 콩을 가는 남자』(新潮社) 간행.
2002년 '이치노 카이壱の会'에 참여. 긴자銀座 모리毛利 화랑에서 그림전시회 개최. 시, 단가, 비평 등의 동인지 《산조三蔵 2》에 참여하여 이시이 다쓰히코石井辰彦, 요모타 이누히코四方田犬彦와 함께 동인활동 시작.

2003년 어린이를 위한 번역 그림책 『큰 기관차, 작은 기관차』(講談社), 『왜 그러니』(아카네쇼보[あかね書房]) 간행. 일곱번째 시집 『고이케 마사요 시집』(思潮社) 간행.
2004년 번역 그림책 『자! 가라, 소방차』(講談社) 간행. 아사히신문 서평위원으로서 서평활동을 하고, 니혼게이자이日本經濟 신문에 시가에 대한 칼럼을 쓴다. 그 외에도 여러 잡지와 신문에 에세이, 서평 등을 집필한다. 월간문학지 《군조群像》 4월호에 첫 소설 「나무를 잡은 사람」 발표. 단편소설집 『감광感光생활』(筑摩書房) 간행.
2005년 번역 그림책 『숲의 딸 마리아 샤플렌』(岩波書店), 『동물들의 오케스트라』(講談社), 『동그란 달님을 쫓아서』(福音館書店) 간행. 에세이집 『검은 구름 아래서 알을 따스하게 하다』(岩波書店) 간행. 단편소설집 『루거』(講談社) 간행. 첫 한국어 시집 『비명』(시평사 간, 한성례 옮김) 간행.
2006년 여덟번째 시집 『지상을 건너는 소리』(書肆山田) 간행. 산문집 『우물 바닥에 떨어진 별』(미스즈쇼보[みすず書房]) 간행. 월간문학지 《신초新潮》 9월호에 소설 「타타도」 발표.
2007년 번역 그림책 『허수아비』(고부린쇼보[コブリン書房]) 간행. 어린이와 어른을 위한 시선집 『빛나라 시여』 1권~5권 (아카네書房) 간행. 소설 『재봉사』(角川書店) 간행. 소설 『타타도』(新潮社) 간행. 이 소설로 가와바타 야스나리川端康成 문학상' 수상.
2008년 아홉번째 시집 『바바, 바사라, 사라바』(本阿弥書店) 간행. 이 시집으로 '오노 도자부로小野十三郎상' 수상. 소설 『언어의 즙』(中央公論新社) 간행.
2009년 시와 에세이 모음집 『출퇴근 전철 안에서 읽는 시집』(生活人新書) 간행. 소설 『전생회유녀転生回遊女』(小学館) 간행. 릿쿄立教) 대학 문학부 특임교수로서 문학 강의 시작(2012년까지).
2010년 열번째 시집 『콜카타』(思潮社) 간행. 이 시집으로 '하기와라 사쿠타로萩原朔太郎상' 수상. 소설 『계겐산怪訝山』(講談社) 간행. 첫 한국어 소설집 『파도를 기다리다』(창비 간, 한성례 옮김) 간행.
2011년 소설 『현과 향弦と響』(光文社) 간행. 소설 『검은 꿀』(筑摩書房) 간행. 에세이집 『시를 읽으며 산다—고이케 마사요의 현대시 입문』(NHK出版) 간행. 에세이집 『문자의 도화선』(미스즈쇼보) 간행. 소설 『자학의 방석』(本阿弥書店) 간행.
2012년 소설 『우마야바시厩橋』(角川書店) 간행.
2013년 에세이집 『축하해』(新潮社) 간행.
2014년 소설 『선물』(講談社) 간행. 이 소설로 '이즈미 교카泉鏡花문학상' 수상. 소설 『악행』(扶桑社) 간행.

시와 나

고이케 마사요

나는 도쿄의 상공업지대인 고토 구江東区에서 태어났다. 당시에는 후카가와深川라고 부르던 동네였다. 우리 집안은 할아버지 때부터 목재상을 하고 있었는데 집 주변에 목재상들이 많았다. 이 일대는 기바木場라고 하여, 에도江戸 시대부터 목재상들이 줄지어 있던 지역이다.

목재상 2대째였던 아버지는 영어가 능숙해서 영문학 연구자나 소설가가 되고 싶었던 듯한데 할아버지가 갑자기 대장암으로 돌아가시는 바람에 선택할 여지도 없이 목재상을 이어받아야만 했다. 상인 세계에 길이 들지도 않았고 일도 서툴러서 아버지는 몹시 힘들었던 듯하다.

집에는 일본문학과 세계문학전집, 회화전집 등이 여기저기 널려 있었다. 가족 중에 이런 종류의 책을 읽는 사람은 나 혼자뿐이었다. 철이 든 후로 아버지가 책을 읽는 모습을 본 적이 없다. 장사가 바쁘다는 이유도 있었지만, 그 세계로 돌아가지 않을 것이며, 이미 그 세계와는 관계를 끊었음을 의미했다. 할아버지의 직업을 무작정 이어받아야 했던 현실이 비참했으리라고 추측은 했지만 한 번도 어떤 마음인지 아버지께 직접 여쭤보지는 않았다.

부모님께는 사내아이가 태어나지 않았다. 나와 여동생 둘뿐이었다. 그럼에도 가게를 이으라고 한 번도 종용하지 않았고, 오히려 우리가 좋아하는 길을 택해 자유롭게 살라고 하셨다. 그렇다고 금전적으로 여유가 있었던 건 아니었다. 상인의 가정은 대체적으로 비슷해서 장사로 돈이 오가긴 해도 집에서는 검소한 생활을 하기 마련이다. 아버지가 사장이라고는 해도 작은 목재상이라 장사와 집안일 사이에 명확한 구분이 없었다. 가업에 가정은 희생되어야 한다는 식으로 어머니는 항상 고생을 떠안고 살았다. 그래서 나는 우리 집에는 돈이 없다고 생각하며 자랐다. 하지만 뭔가 중요한 일이나 갖고 싶은 책과 물건, 예를 들어 피아노 같은 것을 강력하게 부탁만 하면 어디서 돈이 나오는지 신기할 정도로 어떻게든 마련해 주셨다. 집 안에는 일하는 고용인을 비롯하여 많은 사람이 거주했다. 언제나 다른 사람이 우리 자매를 돌봐주었다. 그런데도 공부해라, 책 읽어라 라는 말을 부모님께 들은 적이 없다. 어느 땐가 문득 시험은 공부를 해야 점수가 나오며 사전에 준비해야 한다는 것을 겨우 깨달았다. 아마도 초등학교 3학년 때였다고 생각한다.

음악에 대한 흥미는 자연스럽게 갖게 되었다. 어머니는 서양음악, 할머니는 민요, 아버지는 대중가요를 좋아해서 집 안에는 항상 여러 음악이 흘렀다. 피아노를 시작하게 된 계기도 부모님의 강제에 의해서가 아니라 피아노를 치고 싶다며 내가 먼저 부탁을 했다. 당시 어머니는 피아노를 구입하기 위해 금전적으로 상당히 고생하신 것 같은데 나는 집에 피아노가 들어오자 마냥 좋아했다. 그 일은 내 생애 가장 기뻤던 일 세 가지 중 하나이다. 일곱 살인가 여덟 살 때의 일이다. 그 후로 피아노 연습에 몰두하는 날이 계속되었다. 왜 그처럼 피아노를 좋아했는지는 모르지만 악기 연습은 자신에게 고통을 주는 요소가 들어 있다. 수도 없이 반복해서 연습을 해야 하고, 그러다보면 어느새 곡 하나가 마법처럼 몸에 익는다. 음악과의 동거는 고등학교 2학년까지 계속되었다. 음악대학을 들어갈까 고민하던 시기도 있었다. 음대를 지원하면 어떻겠느냐는 피아노 선생님의 권유도 있었으나 음악을 직업으로 할 생각은 없었다. 큰돈이 들 것도 같았고, 내가 음악을 하기에는 뭔가 부족하다고도 여겨졌다.

그런 한편으로 내 마음 속에는 항상 시가 들어 있었다. 시에 대해서는 다시 일곱 살인가 여덟 살 무렵으로 되돌아간다. 피아노를 시작했을 때였는데 어찌된 영문인지 '시'라는 글자가 내 안으로 똑바로 달려 들어왔다. 훌륭한 시를 읽은 기억도 없다. 아마도 이 세상에는 글자로 쓰인 것이 아니더라도 '시' 같은 어떤 개념을 가진 무언가가 있다고 무조건 믿었던 듯하다. 내 안의 한구석에 그러한 옹이 같은 것이 깊이 박혀있었는지도 모른다. 왜 그런 믿음을 생겼는지는 확실치 않지만 나는 '시다, 시로 살자, 언젠가 시를 쓰자'라고 일곱 살쯤에 이미 마음을 정해버렸다. 시라는 것을 추구해 나가면 절대적인 행복을 손에 넣을 수 있다고도 생각했다. 물론 현세의 가치관과는 다른 행복이다. 돈을 벌어야지, 유명해져야지 라는 것과는 거리가 멀다. 다만 시를 놓치지 않음으로써 나 자신이 절대적인 자유를 얻을 거라고 직감했으리라. 절대적인 자유란 외적인 어떤 조건에도 구애받지 않고, 눈에 보이지 않는 내적인 자유이다. 당시 나는 감옥에 갇힌다 해도 시만을 생각하며 살겠다고 막연히 생각했다.

중학교에 들어가서도 여전히 음악에 열중했고, 시에 대한 염원을 아무에게도 얘기하지 않은 채 남몰래 꿈을 키워나갔다. 당시 나는 산문 쓰는 즐거움을 발견하고 첫 번째 소설을 썼다. 독서 감상문이나 에세이 같은 것도 썼다. 고쳐 쓸 때마다 새로운 생각이나 다른 표현이 생겨난다는 게 신기했다. 쓰고 있으면 나 자신의 생명에 가속도가 붙는 듯한 감각이었다. 신체가 활성화되어 하늘을 날아다니는 듯도 했다.

행을 나눠 쓰는 형태의 시가 갑자기 내 앞에 나타난 것은 20대가 끝나갈 즈음이었다. 나는 피아노 말고도 고등학교 때부터는 비올라도 켰는데, 그 당시는 내가 사는 시의 오케스트라 단원으로서 비올라를 연주하고 있었다. 비올라는 몸집이 작은 내게 육체적으로 힘이 들었고 오케스트라 속의 인간관계에도 지쳐 있었다. 언제부터인가 오케스트라를 그만두고 싶었다. 이제 곧 서른이라는 생각도 들었다. 그때 내가 유일하게 생각해왔으나 막연했던 '시'라는 것이 자연스럽게 내 속에서 올라왔다. 당시까지도 나는 부모님께 속을 털어놓지 않았다. 무작정 나는 나를 신뢰해주던 어떤 분과 의논한 후에 오케스트라를 그만두기로 마음먹었다. 그때의 일은 지금도 신기한 감촉으로 또렷이 남아 있다. 그 사람은 나에게 "오케스트라를 그만 두면 뭘 하실 건가요?"라고 물었다. 속으로 '시'를 쓰겠다고 각오했지만 드러내지 못하고 입을 다물고 있었더니, 내 대답을 기다리지도 않고

이렇게 말했다.

"고이케 씨는 시를 써 보면 어때요? 시 말이에요. 시를 쓰세요."

시에 관한 말을 서로 한 번도 나눈 적이 없는 그 사람이 왜 그런 말을 하는지 신기했다. 이상하게도 느껴졌다. 그러자 시를 쓰리라는 용기가 맹렬하게 솟아올랐다. 혼자서만 속으로 끙끙댔다면 어쩌면 용기를 잃었을지도 모른다. 어찌된 영문인지 내면을 내보인 적도 없고 아무런 관계도 아닌 타인이 갑자기 내게 '시'를 말해왔던 것이다. 그 사람의 입을 빌려서 나온 '시'라는 말이 그 사람의 마음 깊은 곳에서 세게 튕겨져 나와 내 등을 밀어주었다는 느낌이었다.

맨 처음 시가 어떻게 완성되었는지는 명확하게 기억나지 않는다. 그때 나는 감기에 걸려 누워 있었다. 앓으면서 '아, 이제 난 시를 쓸 수 있다'라고 생각했고, 써보았다. 행을 나누는 시가 한 편, 두 편 써졌다. 이불 속에 누워서 썼다. 그걸 어느 문학지에 투고했는데 바로 실어주었다. 그런 일이 몇 번인가 계속되다가 심사위원 한 분이 시집으로 묶는 게 어떻겠느냐고 권해왔다. 두 권의 시집이 곧바로 출간되었다. 그 당시 나는 시 쓰는 일이 그저 즐거운 언어놀이였다. 하지만 그 놀이는 금방 막혀버렸다. 간신히 돌파구를 찾아낸 것은 두 번째 시집을 내고 난 7년 후였다. 7년간 시집도 내지 않고 나는 줄곧 일을 했다. 일을 하면서 시를 썼다. 그리고 결혼과 이혼을 경험하고 정신을 차리고 보니 혼자인 내게 역시 시는 가장 소중하게 자리 잡고 있었다.

내가 태어난 후카가와深川로 돌아가 새 일자리를 찾아 새로운 생활을 시작했을 때였다. 버스를 기다리고 있는데 한 편의 시가 떠올랐다. 세번째 시집의 제목이기도 한 '영원히 오지 않는 버스'이다.

  내 안에서 언어놀이는 끝이 났다. 나는 좀 더 본질적이며 언어의 깊은 곳에 숨어서 보이지 않는 것을 흔들어 깨워 시를 쓰겠다고 생각했다. 그 무대는 특별한 곳이 아니라 일상이었다. 버스를 기다리고 있으면 버스가 온다. 언뜻 보면 너무나도 당연한 상황이다. 일상에 눈을 돌리면 테마가 끝없이 펼쳐질 것 같았다. 나는 보이지 않는 것, 사람과의 관계 같은 것들을 끌어당기듯이 시를 쓰리라고 마음먹었다. 다시 시에 열중하는 날들이 이어졌다. 지금도 그 옛날 어렸을 적에 마음에 담아두었던 그 '시'를 넌더리도 내지 않고 계속 쫓고 있다. 다양한 시 쓰기를 모색하여, 산문과 밀착시키거나 접근시킨 시, 명료하고 짧은 시, 이야기 같은 장편시, 둘이서 교환하는 응답 시, 여러 명이서 만들어가는 연시聯詩 등 다양한 형태의 시 쓰기를 시도하고 있다.

  이 글을 통해 가슴에 담고 있던 이야기를 한꺼번에 쏟아놓았다. 가능한 한 눈에 띄지 않도록, 이 글을 끝내자마자 서둘러 시에서 떨어져 몸을 숨기려 한다. 그렇게 하지 않으면 시는 웬만해서 나에게 다가와주지 않는다.

■ 옮긴이의 말

일상이 증식해가는 시

한성례

고이케 마사요의 시는 시편마다 이야기가 들어 있다. 시가 재미있다. 시 한 편을 읽고 나면 소설 한 편을 읽은 듯해서 그 배면에 펼쳐지는 이야기를 독자는 나름대로 재구성하게 된다. 독자의 상상력이 가미되어 스토리가 재탄생되고 제각각 다른 감동을 갖는다.

고이케 마사요는 주변에서 얻어지는 누구나 아는 언어로 일상의 직감을 파내려간다. 그래서 친근감이 있고 가슴에 파고든다. 또한 일상이나 자연 속의 어떤 소재라도 시로 바꾸는 특별한 힘을 지녔다. 일상이 시이고 시가 일상이다. 늘 접하는 일상인데도 고이케 마사요의 사유를 거치면 반짝이는 시로 변신한다.

고이케 마사요는 타계他界에서 현실로 들어오는 문의 문지기 역할도 자처한다. 그 문을 통해 들어오거나 태어나는 것들, 이들을 이끌어주는 것도 시인이 역할이라고 믿는 듯하다. 이러한 시선은 타자他者인 외부로도 열려 있어서 인간의 영위와 삶을 촘촘하게 읽어내고 있다. 손에 닿는 모든 것이 시가 되는 재능, 그 자체가 이 시인 안에 들어 있는 타자인지도 모른다.

고이케 마사요의 시에는 세상에 첫울음소리를 내며 산도에서 처음으로 외기를 접한 갓난아기와도 같고 초봄의 들꽃과도 같은 부드럽고 순정한 감각이 넘친다. 글로 쓰여 있지만 말로 생겨나기 이전의 상태를 유지하고 있다.

고이케 마사요는 논리에 빠져 허우적대는 시는 단호하게 거절한다. 일본의 전후세대에서 가장 인기 있는 시인 중 한 사람인 고이케 마사요는 이처럼 이 시대의 감각에 어울리는 시의 한 패턴을 만들어가고 있다.

성애에 관해 관능적이며 도발적인 작품이 이 시집에도 여러 편 들어 있는데 고이케는 시로써 관능을 표현하는 관능 시의 마술사이기도 하다.

이번 한국어시집 출간을 위해 고이케 마사요 시인은 이 시집에 수록된 많은 작품을 미발표작과 신작시로 꾸며주었다. 50편의 번역을 마치면서 50의 세계를 여행하고 지금 막 돌아온 듯한 기분이다.

일상이 증식해가는 고이케 마사요의 재미난 시가 한국의 독자들에게도 널리 사랑받기를 기원한다.

옮긴이 **한성례**

1955년 전북 정읍 출생. 세종대학교 일문과와 동 대학 정책과학대학원 국제지역학과 일본 전공 석사 졸업. 1986년 『시와 의식』 신인상으로 등단했으며, 한국어 시집 『실험실의 미인』, 일본어 시집 『감색치마폭의 하늘은』 『빛의 드라마』 등이 있고, '허난설헌문학상'과 일본에서 '시토소조상'을 수상했다.

번역서로는 『세계가 만일 100명의 마을이라면』 『달에 울다』 『파도를 기다리다』 등 다수. 하이쿠시집 『겨울의 달』, 시집 『7개의 밤의 메모』 『돌의 기억』 『골짜기의 백합』 등 일본시인의 시집을 한국어로, 정호승, 김기택, 박주택, 안도현 등 한국시인의 시집을 일본어로 번역하는 등 한일 간에서 다수의 시집을 번역했다. 현재 세종사이버대학교 겸임교수.

이 도서의 국립중앙도서관 출판시도서목록(CIP)은 서지정보유통지원시스템 홈페이지(http://seoji.nl.go.kr)와 국가자료공동목록시스템(http://www.nl.go.kr/kolisnet)에서 이용하실 수 있습니다. (CIP제어번호: CIP2014035378)

포엠포엠 시인선 007

동트기 전 한 시간

고이케 마사요(小池昌代)

초판 1쇄 발행 2014년 12월 8일

지은이   고이케 마사요(小池昌代)
옮긴이   한성례
펴낸이   한창옥 성국

펴낸곳   도서출판 **포엠포엠 POEMPOEM**
출판등록   25100-2012-000083
본 사   서울시 송파구 잠실로 62 트리지움 308-1603 (138-890)
편집실   부산시 해운대구 마린시티 3로 37 한일오르듀 1322호 (612-824)
출간 문의   010-4563-0347 FAX. 051-911-3888
메 일   poempoem@hanmail.net
홈페이지   www.poempoem.kr

제작 및 공급처   산업디자인전문회사 두손컴

정가 10,000원

ISBN 978-89-969275-8-7   03830

* 저자와 협의 아래 인지를 생략합니다.
* 이 책의 저작권은 저자와 출판사에 있습니다.
   저자 허락과 출판사 동의 없이 무단 전재 및 복제를 금합니다.
* 잘못 만들어진 책은 바꿔드립니다.